आख़िर कब तक ?

(नारी विशेषांक साझा संकलन)

संपादक

शाहाना परवीन 'शान'
प्रीति चौधरी "मनोरमा"

PRACHI
DIGITAL PUBLICATION

Title : Aakhir Kab Tak
Editors : Shahana Praveen 'Shaan', Priti Chaudhary 'Manorama'
Edition : First (February, 2025)
ISBN : 9789348332547

Published by

PRACHI
DIGITAL PUBLICATION

Regd. Add.: 254, Khuriyakhatta No. 10, Bindukhatta,
Lalkuan, Nainital - 262402, Uttarakhand, India
Website : www.prachidigital.com
E-mail : info@prachidigital.in
Phone : +91 976041 7980, +91 976041 8103

Printed by :
Manipal Technologies Limited, Bengaluru - 560001, Karnataka

दो शब्द

आख़िर कब तक? जी हां मित्रों यही नाम है हमारी किताब का जो मात्र एक किताब नहीं है बल्कि पीड़ा हैं हर उस नारी की जिस पर अत्याचार होता है। प्रश्न हैं हर उस स्त्री का जो शोषण की शिकार होती है। डर है उस भ्रूण कन्या का जिसे जन्म से पहले ही मार दिया जाता है। आए दिन महिलाओं के प्रति हिंसक वारदातें देखने व सुनने को मिल जाती हैं। पहले निर्भया , मणिपुर की घटना और इस बार (2024) कोलकाता वाली घटना ने हृदय को बहुत कष्ट दिया। इसके अतिरिक्त छोटी बच्चियों के साथ दर्दनाक घटनाएं घटित हुईं, जिनसे यह साबित हो गया कि आज के समय में जहाँ विकास के गीत गाए जा रहे हैं वहीं नारी जाति पर दुख के पहाड़ भी निरंतर टूट रहे हैं, नारी कहीं सुरक्षित नहीं है.... बेटी, बहू, बहन, पत्नी चाहे कोई भी हो, युवती हो या वृद्धा या बच्ची दरिंदे उन्हें नोंचकर खा जाते हैं किसी को भी उसकी ख़ामोश चीखें, बेबसी, मजबूरी, दर्द दिखाई नहीं देती।

नारी नहीं सुरक्षित आज
बाहर हो या हो घर की बात।
हर कदम पर जैसे सकंट है छाया,
राहों में उसकी काँटों को बिछाया।
दिन हो या हो रात गहरा अंधेरा साथ है,
नारी के जीवन का आज प्रकाश समाप्त है।
अपना हो या हो अनजाना,
स्त्री पर सभी ने हुक्म चलाया।
आख़िर कब तक यह डर रहेगा?
बंदिशों से घिरा उसका सफर रहेगा?
नारी भी एक इंसान है,
उसका भी तो सम्मान है।
क्यों उसे पशु समझा जाता?
लातों घूसों से क्यों मारा जाता?

क्यों सहनी पड़ती नारी को यह पीड़ा?
जिंदगी क्यों बनी उसकी एक कीड़ा?
आख़िर कब तक सहेगी अत्याचार?
आख़िर कब तक सुनेगी बातें हज़ार?
आओ मिलकर ये आवाज़ उठाएँ,
नारी को उसका अधिकार दिलाएँ।।

इन्हीं सब बातों ने हमें प्रेरित किया की नारी पर एक किताब लाई जाए। जिसमें स्त्री, पुरुष, किशोर / किशोरी सभी के विचारों को शामिल किया जाए। इस विषय में मैंने अपनी साहित्यिक सखी प्रीति चौधरी 'मनोरमा' जी से बात की। उन्होंने तुरंत मेरे विचारों की सराहना करते हुए मुझे पूर्ण रूप से सहयोग दिया और मेरे साथ इस महत्वपूर्ण किताब का सम्पादन भी किया। इसके अतिरिक्त इसमें किस प्रकार की रचनाएं लाई जाएं, इसके लिए डॉ सैयद अली अख़्तर नक्वी साहब ने हमारी भरपूर मन से सहायता की। रचनाओं को क्रमबद्ध करने में हमारी सहायता की। इसके अतिरिक्त हमारे साहित्यकारों ने इस संग्रह में दिल से मेहनत की और हमें नारी प्रधान वही रचनाएं दीं जो हम इस किताब के लिए चाहते थे। आप सभी का हृदय तल से बहुत बहुत धन्यवाद आभार कि आप इस किताब का हिस्सा बने और समाज के लिए एक ऐसे कार्य को करने के लिए आगे आए जो आज हमारे देश की सबसे बड़ी समस्या है "नारी सुरक्षा"। हमारे इस सपने को पूरा करने में महत्वपूर्ण योगदान दिया हमारे प्राची डीजिटल पब्लिकेशन ने जिन्होंने किताब को सुंदर कवर व सुंदर प्रींटिंग से सजाकर इसकी महत्ता को और अधिक बढ़ा दिया।

आशा करते हैं हम इस किताब के माध्यम से एक नई सोच समाज में लाने में सफल होंगे।

बहुत बहुत धन्यवाद

शाहाना परवीन 'शान'...
मुज़फ्फ़रनगर उत्तर प्रदेश
9876850264

दो शब्द

कभी चलती हुई बस में किसी बालिका का अपने मित्र के रहते हुए भी निर्मम तरीके से रेप कर दिया जाता है। कभी अस्पताल में नाइट ड्यूटी पर कार्यरत किसी डॉक्टर को वासना का शिकार बनाया जाता है। कभी किसी बेकसूर लड़की के ऊपर अम्ल की वर्षा कर दी जाती है तो कभी अकारण ही घर की बेटी को पढ़ने से रोका जाता है। कभी उसे घूमने से मना किया जाता है तो कभी उसे जन्म लेने पूर्व ही भ्रूण हत्या का शिकार बनाया जाता है। आखिर क्यों... और कब तक... हम सारी बंदिशें मात्र बेटियों पर ही लगाते रहेंगे। क्यों नहीं यह सारे बंधन उन आवारा और मनचले लड़कों पर लगाए जाएँ, जिनके कारण बेटियाँ सुरक्षित नहीं हैं। जिनके कारण बेटियों को घर में मुजरिमों की भाँति रखा जाता है। आज नैतिक पतन इस हद तक पहुँच चुका है कि यदि किसी बेटी के साथ कोई अनाचार की घटना घटित भी होती है, तो सर्वप्रथम यह तथाकथित सभ्य समाज उन लड़कियों के गणवेश और चाल चलन पर ही प्रश्न चिन्ह लगा लेता है।

"क्या पहन रखा था.."

" अधिक उत्तेजक कपड़े तो नहीं थे .?"

"किस समय यह घटना हुई ,ज्यादा लेट का समय तो नहीं था।"

" इतनी देर तक अच्छे घरों की लड़कियाँ बाहर नहीं रहतीं"

"अकेली किसलिए गई थी.. कौन सी जरूरत आन पड़ी .."

हम लड़के से प्रश्न क्यों नहीं करते कि "तुम्हारी हिम्मत कैसे हुई बिना परमिशन के लड़की का तन छूने की..?" या

" तुमने इतना दुस्साहस आखिर कैसे किया..?"

"आखिर कैसी माँ ने तुम्हारी परवरिश की कि तुम्हें इतना भी नहीं सिखाया गया कि लड़कियों से कैसे व्यवहार किया जाता है?"

"तुम पशु हो या इंसान?"

आखिर हम कब तक अनचाहे प्रश्नों की बौछार मात्र पीड़ित पर करते रहेंगे?. और उसके दुख को बढ़ाते रहेंगे? ... क्यों नहीं हम इस बीमारी का सही और सटीक इलाज

खोजें? ..आखिर कब तक झूठी नैतिकता का वास्ता देखकर महिलाओं की पढ़ने लिखने और आगे बढ़ाने की स्वतंत्रता का हनन करते रहेंगे ..? इन्हीं प्रश्नों का जवाब देने के लिए या कहूँ कि इन्हीं प्रश्नों का जवाब पाने के लिए इस संग्रह की रचना हुई। संग्रह में सम्मिलित सभी रचनाकार बधाई के पात्र हैं जिन्होंने अपनी कलम से सामाजिक चेतना , नवजागरण, एवं क्रांति लाने का प्रयास किया है। मैं सभी रचनाकारों का हृदय से आभार व्यक्त करती हूँ साथ ही साथ अपनी परम सखी शाहाना परवीन "शान" जी का हृदय तल से आभार व्यक्त करती हूँ जिन्होंने मुझे इस संग्रह में अपने साथ सम्पादिका के रूप में जुड़ने का अवसर प्रदान किया।

हमारे इस प्रयास को कार्यरूप में परिणत करने में प्राची डिजिटल पब्लिकेशन का महत्वपूर्ण योगदान है और मैं हृदय तल से प्राची डिजिटल पब्लिकेशन की आभारी हूँ।

प्रीति चौधरी "मनोरमा"

जनपद बुलंदशहर

उत्तरप्रदेश

पुस्तक के संबन्ध में

आज के युग में भारतीय महिलाएं पुरुषों से किसी भी क्षेत्र में पीछे नही हैं। वे समाज के प्रत्येक क्षेत्र में पुरुषो के साथ कन्धे से कन्धा मिलाकर चल रही हैं, चाहे वे शिक्षा-साहित्य का क्षेत्र हो, राजनीति का क्षेत्र हो, सामाजिक, व्यवसायिक या वैज्ञानिक, कला व संस्कृति का क्षेत्र हो वह समाज के प्रत्येक क्षेत्र में पुरुषों के साथ चलने का प्रयास कर रही है। फातिमा शेख, सावित्री बाई फूले, अमृता प्रीतम, महादेवी वर्मा शिक्षा-साहित्य के क्षेत्र में, इन्दिरा गांधी, प्रतिभा पाटिल, राजकुमारी अमृत कौर, सरोजनी नायडू राजनीति के क्षेत्र में, लता मंगेशकर, आशा भोंसले, शमशाद बेगम गायकी के क्षेत्र में, किरण बेदी व प्रशासनिक क्षेत्र में, कल्पना चावला अंतरिक्ष के क्षेत्र में, मधु बाला, नर्गिस, माधुरी दीक्षित अभिनय के क्षेत्र में, पी० टी० ऊषा व सानिया मिर्जा, सायना नेहवाल खेलों के क्षेत्र में, मदर टेरेसा, मेघा पाटकर सामाजिक कार्यकर्ता, रीता फारिया विश्व सुन्दरी, कादम्बरी गांगुली पहली महिला डॉक्टर, सुषमा पहली महिला पायलट, मीरा साहिब फातिमा बीबी उच्चतम न्यायालय की पहली महिला न्यायधीश, रेगिना गुहा पहली अधिवक्ता, राधाबाई सुब्बाराव पहली महिला सांसद, सुचेता कृपलानी पहली महिला मुख्यमंत्री, देविका रानी पहली फिल्म अभिनेत्री, भाग्यश्री थिप्से पहली महिला ग्रैड मास्टर आदि के अलावा भी ढ़ेरो महिलाएं विभिन्न क्षेत्रो में भारत का नाम देश-विदेश में रोशन करती रही हैं।

इतिहास इस बात का गवाह है कि प्राचीन काल में भी इस देश की महिलाओं ने कई क्षेत्रों में अपना लोहा मनवाया है जिससे देश की शान-ओ-शौकत में चार चाँद लगे है और उनका भी मान बढ़ा है। जिनमें प्रमुख रूप से रज़िया सुल्तान ने दिल्ली के तख़्त पर बैठकर भारत की पहली महिला सामाज्ञी का गौरव हासिल किया था।

इसके अलावा चाँद बीबी ने भी मुगल सम्राट अकबर की शक्तिशाली सेना से लड़कर अपने राज्य अहमद नगर की रक्षा की थी। जहाँगीर की पत्नी नूरजहाँ ने भी राजशाही शक्ति का प्रभावशाली ढंग से उपयोग कर एक समझदार महिला होने का परिचय दिया था। मुगल राजकुमारियाँ जहाँआरा और जैबुननिशा एक प्रसिद्ध कवियित्रियाँ रही थी। इनके अलावा भी कई और महिलाओं ने अपने जौहर का प्रदर्शन कर समाज में महिलाओं का नाम रोशन किया

था। इस तरह से भारतीय महिलाएं अपनी पूरी जिम्मेदारियों का निर्वारण करती आयी हैं और गर्व के साथ निडर होकर समाज के सामने बहादुरी की एक मिसाल पेश करती आयी हैं। परन्तु वर्तमान समय की परिस्थितियों को देखते हुए उनके मन में डर का भाव पैदा हुआ है। जिससे उनके मन में असुरक्षा की भावना भी पैदा हई है।

प्रस्तुत 'आखिर कब तक' नामक संकलन समाज में महिलाओं पर हो रहे विभिन्न प्रकार के अत्याचारों जिनमें लूट-खसोट, बालात्कार, दहेज के लिए हत्या आदि जैसी घटनाओं को देखते हए तैयार किया गया है। देश के प्रमुख साहित्यकारों द्वारा ऐसी घटनाओं पर समय-समय पर चिन्ता व्यक्त की जाती रही है और इस संबन्ध में खूब लिखा भी गया। इस तरह से प्रसिद्ध लेखिका व कवियत्री शाहाना परवीन शान' और प्रीति चौधरी मनोरमा के मन में विचार आया कि क्यों ना महिलाओं पर हो रहे अत्याचारों को लेकर एक संकलन तैयार किया जाए। इस तरह देश के विभिन्न राज्यों से अनेक ढेरों प्राप्त रचनाओं में से सर्वश्रेष्ट रचनाओं को चुनकर इस पुस्तक में शामिल किया गया है। इस तरह से यह पुस्तक तैयार की जा सकी।

अन्त में इस पुस्तक के प्रकाशन के लिए संपादिका महोदया को हार्दिक शुभकामनाएं।

डॉ० सैयद अली अख़्तर नकवी
(प्रवक्ता, लेखक, संपादक, समीक्षक, बायोग्राफर, कार्यक्रम संयोजक)
संस्थापक अध्यक्ष
हिंदी उर्दू अदबी संगम, दिल्ली

अनुक्रमणिका

संपादकीय

सभी साहित्यकारों व पाठकों को मेरा सादर नमस्कार। आप सभी का बहुत आभार धन्यवाद कि आप इस महत्वपूर्ण संकलन का हिस्सा बने। जो लेखक व लेखिकाएं इस संकलन में शामिल हुए हैं वास्तव में उनकी रचनाएं प्रशंसनीय हैं। बहुत सुंदर और अर्थ लिए हुए शानदार रचनाओं को सृजित किया है हमारे सभी साहित्यकारों ने। कुछ रचनाएं ऐसी भी हैं जिनको पढ़कर जोश उत्पन्न होता है। नये विचार मन में आते हैं। हिम्मत व साहस बढ़ता है। रचनाओं की जितनी प्रशंसा की जाए कम होगी।

"आख़िर कब तक?" जी हां यही नाम है इस संकलन का; पर यदि इस पर गंभीरता से विचार किया जाए तो यह मात्र एक नाम नहीं है बल्कि एक प्रश्न है समाज और देश से कि "आख़िर कब तक" बेटियां असुरक्षित होकर इस अपमान का बोझ ढोती रहेंगी? "आख़िर कब तक" उन्हें इन असुरक्षित परिस्थितियों से गुज़रना पड़ेगा?

मैं भी आज़ादी से जीना चाहती हूँ,
मरना नहीं चाहती, मैं बसना चाहती हूँ।
क्यों होता मेरे ही साथ ऐसा व्यवहार?
क्यों होती मैं हमेशा ही हवस की शिकार?
क्या पाप किया मैनें जो ऐसा फल पाऊँ?
कहाँ जाऊँ पीड़ा लेकर किसको मैं सुनाऊँ?
नारी हूँ मैं, बताओ इसमें गलती क्या है मेरी?
नहीं सुरक्षित मैं , अपराधी गलती है ये तेरी।
अपराधी के कर्मों की सज़ा भला मैं क्यों पाऊँ?

क्यों दूँ मैं अपनी जान क्यों मैं मुंह छुपाऊँ?
ईश्वर ने बनाया नर और नारी को एक साथ,
नर जीता खुलकर नारी क्यों जीती बेजान?

एक नारी के मन में उठते विचार हर उस बेटी, बहू, पत्नी, माँ को कमज़ोर बनाते हैं जो समाज में इन सब अत्याचारों को झेलती हैं या झेल चुकी हैं। अपराधों में सबसे बड़ा अपराध बलात्कार है जो जबरन नारी के साथ किया गया घिनौना कांड है।

जब मन में यह विचार आया कि इस प्रकार का एक संग्रह लाया जाए जिसमें पुरुष व महिलाएं शामिल हों, जिसमें सबके विचारों को रखा जाए शायद समाज में कुछ जागरूकता आए। उस दौरान मेरे पास कई साहित्यकारों और आम लोगों के भी फोन आए कि मैडम आप जो यह प्रयास कर रही हैं इससे क्या यह समस्या समाप्त हो जाएगी? आप व्यर्थ ही यह संकलन तैयार कर रही हैं। मैंने उन्हें एक ही बात कही कि जो काम बंदूक नहीं कर सकती वो एक कलम कर सकती है। अब हम यह तो नहीं कहेंगे कि यह संकलन सब कुछ सही कर देगा पर हाँ, इतना विश्वास अवश्य है कि जो भी इस संकलन में प्रकाशित रचनाएँ पढ़ेगा वह प्रभावित हुए बिना नहीं रह पाएगा और इनको पढ़कर समाज में एक नई लहर अवश्य व्याप्त होगी। वो लहर होगी नारियों में हिम्मत की, वो लहर होगी नारियों में पनपे डर को समाप्त करने की, वो लहर होगी नारियों के प्रति सम्मान की, वो लहर होगी एक ऐसी सोच की जो नारी को यह नहीं कहेगी की तुम डरकर घर में बैठो बल्कि कहेगी कि नारी तुम्हें हर परिस्थिति का सामना करते हुए आगे बढ़ो और डरपोक नहीं बल्कि निर्भीक बनकर हर चुनौती का सामाना करो। तुम्हें हाथों में मोमबत्ती लेकर सड़कों पर नहीं चलना है बल्कि हथियार उठाकर अपराधी को उसकी करनी की सज़ा देनी है। तुम्हें घुट-घुट कर नहीं मरना है बल्कि अपराधी से बदला लेकर उसे खून के आँसू रुलाना है। इतिहास गवाह है कि कितनी महान विदुषी महिलाओं ने इस देश के लिए अपने प्राणों तक की परवाह नहीं की फिर आज भी तो वही नारी है जिसमें वो ही रक्त है जो उसकी हिम्मत को कम नहीं होने देगा।

समाज में स्त्रियों को मजबूती दिखाते हुए अपने साहस पर ध्यान देना है और एक महिला को दूसरी महिला की मदद करनी है चाहे वह कोई भी हो या चाहे कैसी भी परिस्थिति हो।

इस संग्रह का उद्देश्य नारी शक्ति को बढ़ाना है और आगे बढ़कर नर के वेष में जो राक्षस

हैं उनका संहार करना है।

मेरी साहित्यिक मित्र जिन्होंने इस संग्रह को पूरा करने में मेरा पूरा साथ दिया और मेरा उत्साह बढ़ाया प्रीति चौधरी "मनोरमा" जी को मैं हृदय तल से धन्यवाद ज्ञापित करती हूं। प्रीति चौधरी मनोरमा जी समय- समय पर मेरा मार्गदर्शन करती रहती हैं और सदैव मेरे साथ खड़ी रहती हैं।

प्राची पब्लिकेशन व पूरी टीम का बहुत धन्यवाद जिनके सहयोग से यह संग्रह तैयार हो पाया।

एक बार फिर से आप सभी का बहुत बहुत धन्यवाद आभार

शाहाना परवीन 'शान'
मुजफ्फरनगर उत्तर प्रदेश
Mob - 9876850264

शाहाना परवीन 'शान'

पता - मुजफ्फरनगर

उत्तर प्रदेश

संपर्क - 9876850264

बलात्कार (लेख)

एक ऐसा शब्द जिसको बोलते समय जुबान भी एक क्षण के लिए रुक जाती है और जब इसको अंजाम दिया जाता है तब मानो क्या हाल होता होगा? मुझे याद है बचपन में जब कभी अखबारों में इस प्रकार के शब्द आ जाया करते थे और हम इसका अर्थ पूछते थे। तब हमारे घर की बड़ी बुजुर्ग महिलाएं हमें रोक दिया करती थीं और कहा करती थीं कि इस तरह के शब्द जुबान पर नहीं लाया करते। हम चुप हो जाते थे और आगे कुछ नहीं कहते थे। हमें केवल इतना पता होता था कि, "अवश्य ही कोई ऐसा बेकार शब्द है जो हमसे कहने व बताने लायक नहीं है इसलिए मम्मी या दादी हमें नहीं बता रहीं। " हम आगे कुछ पूछते ही नहीं थे।

पर जैसे जैसे समय बदला यह शब्द भी बदलता चला गया। पहले कभी साल या महीनों में इस प्रकार की घटनाएं सुनने व पढ़ने को मिल जाती थीं पर आज तो जैसे यह शब्द बहुत आम बन चुका है जहां देखो वहीं बलात्कार, शहर हो या ग्रामीण क्षेत्र हो हर जगह इस प्रकार की घटनाएं होने लगी हैं। प्रतिदिन कहीं ना कहीं बलात्कार की घटनाओं से भरा समाचारपत्र या टैलीविजन न्यूज़ हमें मिल जाएगी।

जानते हैं कि यह वास्तव में है क्या?

बलात्कार:

बलात्कार को रेप भी कहा जाता है।

किसी भी व्यक्ति की अनुमति के बिना उसके साथ सम्भोग करने को "बलात्कार" कहते हैं। बलात्कार एक कानूनी जुर्म है। यदि बलात्कार एक से अधिक व्यक्तियों द्वारा किया जाता है तो उसे सामूहिक बलात्कार कहा जाता हैं। बलात्कार जघन्य अपराधों की श्रेणी में आता

है। जिसकी सजा उम्रकैद अथवा मौत तक हो सकती है।

आज "बलात्कार" एक ऐसा शब्द बन चुका है, जिसके बारे में हर कोई जानता है। बड़े बुजुर्गों का कहना है कि पहले छोटी बच्चियाँ सुरक्षित हुआ करती थीं। उनके साथ इस प्रकार का कांड नहीं होता था। लोग उन्हें निश्चित होकर बाहर खेलने भेज दिया करते थे। परन्तु आज परिस्थितियाँ ऐसी हो गई हैं कि कन्या बड़ी हो या छोटी, विवाहित हो या सत्तर वर्ष की महिला कोई भी सुरक्षित नहीं हैं। माँ, बहन, बेटी, पुत्री सभी एक डर के साथ समाज में रह रही हैं। अपनी हवस मिटाने वाला उम्र नहीं देखता, उसे तो अपना मज़ा दिखता है। किसी के घर कोई भी अपनी बेटी छोड़कर नहीं जाता क्योंकि क्या पता, कब, कौन सा हादसा उसके साथ घटित हो जाए? आजकल बाहर वालों से तो खतरा है ही, यह खतरा घरवालों से भी है। कब किसकी नीयत बदल जाए। काफी पहले एक न्यूज़ पढ़कर बहुत दुख और अफसोस हुआ था। एक शादी में एक माँ ने अपने रिश्तेदार को थोड़ी देर के लिए अपनी बेटी संभालने के लिए पकड़ाई थी। मुश्किल से एक- डेढ़ वर्ष की रही होगी बिटिया। रिश्तेदार ने वह बेटी अपने पुत्र को संभालने लिए गोद में दे दी; उसे क्या पता था कि उसके पुत्र की नीयत खराब हो जाएगी? वह उसे बहलाने के बहाने बाहर ले गया और अपनी हवस का शिकार बना डाला। इतनी बुरी तरह से उसने उसके गुप्तांगों को चोट पहुंचाई थी कि यहां लिखना भी मेरे लिए संभव नहीं है।

जब अपने ही अपनो को नहीं छोड़ते तो दूसरो को क्या दोष दें?

कन्याएं / महिलाएं कल भी सुरक्षित नहीं थीं पर आज तो हद ही हो चुकी है।

आखिर कब खत्म होगी महिलाओं के प्रति हिंसा कौन जिम्मेदार?

क्या इस बात का उत्तर है किसी के पास?

अश्लील गीत व पोर्न वीडियो से भी समाज में बलात्कार की घटनाएं बढ़ती देखी गई हैं।

सोशल मीडिया जहां एक ओर लोगों को जागरूक करती हैं वहीं दूसरी और कुछ लोगों के दिलो-दिमाग में हवस के प्रति इच्छा भी बढ़ाती है। आजकल के लड़के इस प्रकार की वीडियो देखकर बेचैन हो उठते हैं और सड़क पर चलने वाली या गली, मोहल्ले में रहने वाली लड़कियों व महिलाओं को अपना शिकार बना डालते हैं। ऐसे अपराधी अपनी भूख को मिटाने के लिए एक बार नहीं बल्कि एक ही महिला से रुक रूककर कई बार, कई दिनों

तक बलात्कार करते हैं अपने आपको पुलिस से बचाने के लिए पीड़िता को मार देते हैं।

2024, अगस्त, की यह घटना है जिसने पूरे देश के रौंगटे खड़े कर दिए। कोलकाता की इस घटना ने एक बार फिर से निर्भया की याद दिला दी।

आपको बताते हैं कि यह घटना 8-9 अगस्त, 2024 की है, उम्र 31 साल एक ट्रेनी डॉक्टर चेस्ट मेडिसिन डिपार्टमेंट में PG सेकेंड ईयर की स्टूडेंट थी। ऐसा बताया जा रहा है कि ट्रेनी डॉक्टर रात को लगभग 2 बजे के करीब अपने 2 जूनियर्स के साथ डिनर करने के बाद हॉस्पिटल के सेमिनार हॉल गई थी। वहां से वह वापिस नहीं आई। सुबह 6 बजे उसकी अर्धनग्न बॉडी मिली। छानबीन में पुलिस ने बताया कि पहले रेप हुआ और उसके बाद मर्डर हुआ है। कुछ और खुलासे हुए हैं जिनमें बताया जा रहा है कि पहले मर्डर हुआ और बाद में रेप। चाहे कोई कुछ भी कहे जो हुआ अच्छा नहीं हुआ। उस डाक्टर बेटी का क्या, जिसने अभी तक ढंग से इस संसार को भी नहीं देखा था? जिसने कड़ी मेहनत के बाद मेडिकल के कोर्स में एडमिशन लिया होगा। दिन रात एक कर पढ़ाई की होगी। अगर उसकी मां को यह बात पहले से पता होती कि जिस बेटी को उसने जन्म दिया है आगे चलकर उसके साथ इतना घिनौना कुकर्म होने वाला है तो शायद वह उसे जन्म ही नहीं देती,पहले ही खत्म कर देती; कम से कम ये दिन उसको आज ना देखना पड़ता। पुलिस ने बताया कि आरोपी हिंसक पोर्न वीडियो देखा करता था। उसने वारदात को अंजाम देने से पहले शराब भी पी रखी थी। इतना भयानक बलात्कार देश की एक बेटी के साथ कि रुह तक कांप उठी है। अगस्त, 2024 के महीने में ही और भी कई घटनाएं सामने आई है महीलपुर की पुलिस ने एक मजदूर की डेढ़ वर्षीय बेटी से बलात्कार करने के आरोप में एक युवक को गिरफ्तार किया। ठीक इसी दिन झारखंड में जमशेदपुर के मांगो इलाके में जय श्री तिवारी नामक 30 वर्षीय स्कूल वैन ड्राइवर को नर्सरी की तीन साल की छात्रा से बलात्कार करने के आरोप में गिरफ्तार किया गया। इसके पहले 3 अगस्त को मध्य प्रदेश के इंदौर में एक प्राइवेट स्कूल बस के ड्राइवर द्वारा किंडर गार्डन स्कूल की चार साल की एक छात्रा से बलात्कार करने का मामला सामने आया। ऐसा बताया जा रहा है कि उक्त ड्राइवर ने छात्रा के कपड़े उतार कर उसके साथ गलत हरकतें की। इसी के साथ अगस्त को एक व्यक्ति ने हरियाणा के हिसार के एक गांव में एक मकान में घुसकर दो बच्चों की मां से बलात्कार किया। इसी दिन मुंबई के खार में एक

65 वर्षीय कैंसर पीड़ित व्यक्ति ने अपने संरक्षण में दी गई एक नाबालिक बच्ची से बलात्कार कर डाला। इसके अतिरिक्त फरीदाबाद के चांदपुर स्थित एक बाल संरक्षण केंद्र में लड़कियों और बच्चों के यौन शोषण और मारपीट के आरोप में पुलिस ने केंद्र की केयर टेकर और दो अन्य पदाधिकारी के विरुद्ध एक केस दर्ज किया।

केयर टेकर के मोबाइल में कई बच्चियों के आपत्तिजनक फोटो और वीडियो बरामद हुए। एक घटना और बताते हैं, पंजाब के लुधियाना में एक लड़के ने एक लड़की को अपने साथ भगा लिया क्योंकि वे दोनों एक दूसरे से प्रेम करते थे और विवाह करना चाहते थे पर घर परिवार के डर से लड़का अपनी प्रेमिका को लेकर भाग गया और लव-मैरिज भी कर ली। इस युवक की इस गलती की सज़ा उसकी अपनी सगी बहन को चुकानी पड़ी। लड़की के पिता, चाचा, भाई और उनके साथी ने बदला लेने के लिए युवक के घर में घुसकर उसकी बहन के साथ बलात्कार किया और उसका वीडियो बना लिया और फरार हो गए।

अगस्त की 11 तारीख को जालंधर के सिविल अस्पताल में अपनी बीमार मां के इलाज के सिलसिले में आई एक विवाहित महिला के साथ अस्पताल परिसर के बेसमेंट में बलात्कार किए जाने का मामला सामने आया लेकिन बताया जाता है कि महिला ने अपने सम्मान की खातिर पुलिस में शिकायत देने से मना कर दिया। एक घटना महाराष्ट्र में घटित हुई जहां 22 साल की यशस्वी नाम की एक युवती काम के सिलसिले में घर से बाहर निकली थी लेकिन वह घर ही वापस नहीं आई। अगले दिन उसकी लाश मिली। इस घटना को लेकर महाराष्ट्र में बहुत प्रदर्शन भी हुए। अगस्त की ही बात है स्कूल में 23 साल के स्वीपर अक्षय शिंदे ने दो बच्चियों का यौन शोषण किया। इसके बाद दोनों लड़कियां स्कूल जाने से डर रही थीं। माता-पिता को संदेह हुआ। उन्होंने लड़की को भरोसे में लेकर पूछताछ की तो बात सामने आई। एक अभिभावक ने उसी कक्षा की दूसरी लड़की के माता-पिता से संपर्क किया। जब डॉक्टर ने जांच की तो असल घटना सामने आई। बच्ची के माता-पिता ने सामाजिक कार्यकर्ताओं की मदद से बदलापुर थाने में शिकायत दर्ज कराई।

इसके अलावा उत्तराखंड में एक नर्स के साथ रेप केस का मामला सामने आया। क्या लिखें और क्या छोड़े समझ में नहीं आता।

मणिपुर की घटना के बारे में तो क्या ही कहें जहां नारी को निर्वस्त्र कर दिया गया था।

एक बेहद शर्मनाक घटना जिसने समस्त नारी जाति को यह अहसास करा दिया है कि वह कमज़ोर है और उसके साथ कहीं भी, कभी भी, कोई भी पुरुष कुछ भी कर सकता है।

ऐसी आज़ादी किस काम की जिसमें महिलाएं सुरक्षित नहीं हैं। आज हर नारी की यही पुकार है कि आज़ादी के इतने वर्षों बाद भी लड़कियां क्यों सुरक्षित नहीं है?

आख़िर कब तक लड़कियां, महिलाएं इस प्रकार घुट-घुटकर मरती रहेंगी? समाज में सभी लोगों को इन सब घटनाओं की जानकारी होना बेहद आवश्यक है। विषय बेहद गंभीर है इसपर हम सबको मिलकर काम करना होगा। अपने घर की बेटियों को शारीरिक व मानसिक रूप से मज़बूत बनाना होगा। बेटियों के हाथों में रोटी बनाने के लिए बेलन नहीं बल्कि अपनी आत्मरक्षा के लिए हथियार थमाने होंगे।

बेटियों को पराया धन नहीं बल्कि अपना सम्मान अपने हाथ कहना व सिखाना होगा।

शादी के बाद भी बेटियों को यह कभी अहसास नहीं कराना कि ससुराल में शादी होकर गई हो वहीं से उनकी अर्थी निकले, बल्कि बेटियों को यह शिक्षा देकर ससुराल भेजना होगा कि "अन्याय सहना भी अन्याय करने जैसा है, उसका विरोध करो। ग़लत बात को स्वीकारो नहीं बल्कि उसका सामना करो।" समाज के लड़को को सुधारने का प्रयास करना चाहिए। उनकी परवरिश इस तरह से की जानी चाहिए कि अगर कोई लड़की सड़क पर मिनी स्कर्ट्स पहनकर चलती है तो लड़के उनकी ओर आकर्षित ना हों।

इसके अतिरिक्त लड़कियों को भी यह शिक्षा देनी चाहिए कि, "बेटियों! जितना सुन्दर शरीर ढका हुआ लगता है उतना खुला नहीं लगता। कपड़े बहुत हैं, बहुत अच्छे डिज़ाइन हैं मार्केट में, उन्हें पहनो और कोशिश करो कि कोई भी ऐसा भड़काऊ वस्त्र मत पहनो जिससे तुम्हारी जान खतरे में पड़ जाए। जब भी बाहर जाओ ऐसे कपड़े पहनो जो आरामदायक हों और आवश्यकता पड़ने पर अगर तुम्हें भागना या दौड़ना पड़े तो तुम कर सको और अपने आपको बचा सको। हमें अपराधी को अवसर नहीं देना चाहिए कि वे यह कहें कि लड़की के कपड़ों से हम आकर्षित हुए थे।"

एक और महत्वपूर्ण बात लड़कियो में "ना"कहने की आदत डालनी होगी। कुछ लड़किया अपने बॉस के सामने झिझक के कारण नाजायज़ बात पर भी "हाँ" कह देती हैं वह नहीं होना चाहिए। "ना" मतलब "नहीं"। किसी के दबाव में आकर भी कभी ना को हां नहीं

कहना है। एक लड़की आत्मविश्वास के साथ आगे बढ़े, अपने निर्णय खुद ले,बिना किसी से डरे या दबाव मे आए। चाहे वह घर का कोई पुरुष हो, पति हो या फिर बॉस।।

इन सब बातों से समाज में धीरे-धीरे परिवर्तन आना शुरू हो जाएगा। समय तो लगेगा पर परिवर्तन अवश्य आएगा।

एक कदम हम सबको एक साथ उठाना है कि सबकी बेटी हमारी बेटी, समाज की बेटी, पूरे राष्ट्र की बेटी...

प्रीति चौधरी "मनोरमा"

जनपद बुलंदशहर

उत्तर प्रदेश

बस एक कदम...

सरला और गुलाब दो बहनें हैं। दोनों जुड़वा हैं। दोनों की पढ़ाई -लिखाई साथ-साथ ही हुई। किंतु दोनों की रुचियों में अत्यधिक अंतर है। जहाँ सरला को सिलाई -कढ़ाई बुनाई, नृत्य -संगीत से प्रेम है, वहीं गुलाब जूडो कराटे मार्शल आर्ट, स्कूटी चलाना, तैराकी आदि में रुचि रखती है। दोनों देखने में एक जैसी ही हैं। उनके दोस्त भी उन्हें पहचानने में कभी-कभी धोखा खा जाते हैं। सरला ने कॉलेज की संगीत प्रतियोगिता में प्रतिभाग किया उसका गायन सुनकर सभी मंत्रमुग्ध हो गए। कॉलेज में उसका प्रथम स्थान आया। अब राज्य स्तरीय संगीत-गायन प्रतियोगिता के लिए उसका नाम चयनित हो गया।

"ओ सरला मुझे पता था कि तुम ही प्रथम आओगी। आखिर मेरी बहन की आवाज ही ऐसी है। "

" ऐसा नहीं हैं गुलाब सभी की आवाज बहुत अच्छी थी, जिन्होंने कॉलेज के इस कंपटीशन में प्रतिभाग किया। कभी-कभी लक भी साथ देता है। "

"लक- वक कुछ नहीं होता सरला"

गुलाब आत्मविश्वास के साथ बोली।

"भाग्य तो कर्म से बनता है। अब देखना राज्य स्तरीय प्रतियोगिता में मेरी बहन कैसे अपने अच्छे प्रदर्शन से कॉलेज का नाम करती है। "

सब कुछ अच्छा चल रहा है माता-पिता को अपनी बेटियों पर पूर्ण विश्वास है। गुलाब सभी बाहर भीतर के काम करती है। दोनों बेटियाँ पढ़ाई लिखाई में बहुत ही अच्छी हैं। इधर गुलाब की लॉ कंप्लीट हो चुकी है और उधर सरला ने संगीत विषय से मास्टर्स करके एक

कॉलेज में संगीत सिखाना प्रारंभ कर दिया है। उसे प्रतिदिन कॉलेज आना -जाना होता है। एक दिन उसकी स्कूटी खराब हो गई। शाम का धुंधलका बढ़ता जा रहा है। चिंता और परेशानी की रेखाएँ सरला के चेहरे पर आ गयीं हैं। इतने में पीछे से किसी के सीटी बजाने की आवाज आई। सरला ने मुड़कर देखा तो तीन-चार मनचले लड़के उसी की ओर आ रहे हैं

"क्या माल है.."

"वाह वाह.. दिल खुश हो गया"

"तबियत हरी हो गई। "

"कहाँ जाना है आपको.. आप कहो तो हम गोद में उठाकर छोड़ आएँ। "

एक लड़का ऐसे कहते हुए उसकी ओर बढ़ने लगा। सरला दो कदम पीछे हटी। इतने में दूसरे लड़के ने बढ़कर उसके हाथ से पर्स छीन लिया। अभी वह कुछ सोच पाती इससे पहले ही उनमें से एक ने उसके मुंह पर हाथ रखा और उसे एक गाड़ी में डाल लिया। वह लड़के उसे गाड़ी में लेकर एक सुनसान जगह पर चले गए। सरला गाड़ी में चीखती -चिल्लाती रही किंतु उसकी चीख गाड़ी से बाहर न जा सकी। सुनसान जगह पर ले जाकर उन चारों ने सरला को अपनी हवस का शिकार बनाया और उसे सड़क पर अर्द्धमूर्छित स्थिति में छोड़कर चले गए। किसी तरह उसे किसी राहगीर ने अस्पताल में भर्ती कराया और उसके मोबाइल फोन से घर पर कॉल की गई। कॉल गुलाब ने ही रिसीव की। अब सभी पारिवारिक जन हॉस्पिटल में उपस्थित हुए। जब उन्हें सरला पर हुए अत्याचार के विषय में पता चला तो गुलाब समेत सभी पारिवारिक जन स्तब्ध रह गए। गुलाब की आँखें बहिन पर हुए इस घिनौने अत्याचार को देखकर जल उठीं। मन किया उन चारों को अभी की अभी मौत के घाट उतार दे। माता-पिता ने इस केस को दबाने के लिए कहा किंतु गुलाब ने उन्हें समझाया

" यदि हम अत्याचार के खिलाफ खड़े नहीं होंगे, तो सरला जैसी और कई लड़कियाँ उन मनचलों के गलत इरादों का शिकार बनेंगी। कानून है ..व्यवस्था है ..हमें लड़ना होगा.. "

"नहीं गुलाब उन चारों का कुछ नहीं हो सकता। मेरा भाग्य ही ऐसा है। इसमें दुख ढोना लिखा है, तो मुझे दुख ही ढोने पड़ेंगे। भाग्य कुछ नहीं होता। सरला कर्म करने से ही नसीब बनता है -बिगड़ता है।

और फिर उन चारों के खिलाफ एफ०आई०आर० दर्ज कर ली गई। कोर्ट कचहरी के

चक्कर शुरू हो गए। सरला का केस स्वयं गुलाब ने लड़ा। चारों लड़के दोषी पाए गए। फॉरेंसिक रिपोर्ट ने भी सरला के साथ हुए घिनौने अपराध की पुष्टि कर दी। लगभग 1 वर्ष तक चले लंबे केस के बाद उन चारों को मृत्युदंड की सजा सुनाई गई। सरला जो इस घटना के बाद गुमसुम रहने लगी थी। गुलाब के समझाने और साथ देने के कारण जीवन में वापस लौट आई।

उन चारों लड़कों में से दो सरकारी पद पर कार्यरत थे,दोनों की जॉब छूट गई,दोनों को सस्पेंड कर दिया गया। बाकी दो का भी विवाह तय हो गया था, उनका रिश्ता टूट गया, समाज में उन चारों के परिवारों को बहिष्कृत कर दिया।

आज गुलाब और सरला के माता-पिता अपनी बेटियों पर फक्र करते हैं। यदि अन्याय को चुपचाप सह लिया जाए, तो अन्याय और अधिक बढ़ जाता है। अन्याय का प्रतिरोध करना जरूरी है। लड़कियाँ कोई हाड़-माँस का लोथड़ा नहीं.. रबड़ की गुड़िया नहीं...कोई खिलौना नहीं... कि उनके शरीर से खेला जाए और फेंक दिया जाए।

गुलाब का अपनी बहन के अन्याय के प्रति उठाया गया एक कदम ही उन चारों की मृत्यु का कारण बना और उन्हें उनके किए की सजा मिली।

नो मीन्स नो

"नहीं मिहिर आज नहीं"

मिहिर ने मीनाक्षी को अपनी ओर खींचते हुए कहा

"क्यों नहीं मेरी जान... आज तुम कितनी प्यारी लग रही हो.. नई साड़ी.. नई चूड़ियाँ... यह श्रृंगार ...मैं दीवाना हुआ जाता हूँ.."

" मिहिर आपको याद है न डॉक्टर ने मना किया है अभी 1 सप्ताह तक.. परहेज बताया है... और फिर.."

आगे के शब्द उसके कंठ में ही अटक कर रह गए मिहिर ने उसके होठों को अपने हाथों से बलवत बंद कर दिया।

"आज यह सब बहाने नहीं मीनाक्षी।"

थोड़ा असहज होते हुए मीनाक्षी ने स्वयं को उसकी गिरफ्त से छुड़ाने की कोशिश की और उसे परे धकेलते हुए थोड़ा गम्भीर होते हुए बोली

"मिहिर...पलीज़..कंट्रोल योरसेल्फ... नो मीन्स नो ..और फिर यह मेरा बहाना नहीं,हिदायत है डॉक्टर की.. जब तक इलाज चल रहा है,तुम तब तक संयम नहीं रख सकते?"

मिहिर ने उसकी बाजू को कसकर पकड़ा तो चूड़ियों के कुछ टुकड़े मीनाक्षी की कलाई में गढ़ गए। खून का रिसाव होने लगा किंतु मिहिर ने अपनी पकड़ ढीली नहीं की।

" मिहिर...ओह.. क्या कर रहे हो..?"

" अपने पति होने का अधिकार माँग रहा हूँ तुमसे"

"ऐसे...उफ़्फ़..मैं तुम्हारे लिए पूरा दिनभर एक घूँट भी पानी पिए बिना चाँद का इंतजार कर सकती हूँ। तुम्हारी लंबी उम्र की खातिर खुद को भूखा रख सकती हूँ। क्या तुम मेरे स्वास्थ्य के लिए इतना नहीं कर सकते?"

"क्या मैंने इसीलिए छुट्टी ली थी? तुम्हारी खातिर ही आज की नाइट ड्यूटी नहीं की..और तुम्हारे ये नखरे ..हुँह"

मिहिर ने आग्नेय दृष्टि से उसे देखा और क्रोधातिरेक में पैर पटकते हुए शयन कक्ष से

बाहर चला गया। साथ में अपना तकिया और चादर भी ले गया। मीनाक्षी जड़वत सी उसे देखती रही ..उसे हैरत भी नहीं हुई क्योंकि मिहिर के इस व्यवहार की उसे आदत हो चुकी थी। मिहिर के जाने के पश्चात मीनाक्षी ने खिड़की से झाँकते हुए उस चाँद को देखा जिसकी धवल चाँदनी में भी उसे कालिख सी दिखाई दे रही थी.. न जाने क्यों आज उसने चाँद से मुँह फेर लिया और करवट बदलकर लेट गई। नींद उसकी आँखों से कोसों दूर थी और कई अनुत्तरित प्रश्न मन के द्वार पर दस्तक दे रहे थे। आज मीनाक्षी स्वयं के व्यवहार पर भी अचंभित थी। पता नहीं कहाँ से इतना हौसला उसमें आया? वरना वह कब लड़ी है अपने लिए?कब उसने प्रतिरोध किया है मिहिर का?चुपचाप उसकी इच्छा पूर्ति कर ही देती थी। किंतु डॉक्टर इशिता ने उसके जीवन को जैसे बदल ही दिया है और यह डायलॉग भी डॉक्टर इशिता का ही था "नो मिंस नो ही होता है इसे याद रखिये आप..आप मोम की गुड़िया नहीं हो...कोई मवेशी भी नहीं जिसे जब चाहे जहाँ हाँक दिया जाता है।"

डॉ0 सैयद अली अख़्तर नक़वी

राष्ट्रीय अध्यक्ष

हिंदी-उर्दू अदबी संगम, दिल्ली

आधुनिक युग की भारतीय महिलाएं

आधुनिक युग में भारतीय महिलाएं समाज के प्रत्येक क्षेत्र में आगे बढ़ रहीं.है और वह समस्त विश्व में अपना परचम भी लहरा रहीं हैं। अब वह किसी भी क्षेत्र में पुरूषों पर निर्भर नहीं रहीं हैं और जैसे-जैसे समय व्यतीत हो रहा है वह अपने आप को और ज्यादा स्वाबलम्बी व आधुनिक युग में ढ़ालने का प्रयास भी कर रहीं हैं। अब भारतीय महिलाएं अपने निर्णय खुद लेने मे पूरी तरह से सक्षम हैं, वह अपने परिवार व समाज के दूसरे कार्यो का पूरी तरह से निर्वारण भी कर रहीं हैं। जिसे देखकर कहा जा सकता है कि आने वाला समय महिलाओं का है और वह और ज्यादा मजबूत होकर सामने आयेगी व देश समाज के सामने अपनी बात को मजबूती से रख सकेगी।

प्राचीन काल में महिलाओं के साथ बहुत ही बुरा बर्ताव किया जाता था व उन्हें सती प्रथा, बाल विवाह और अनेकों तरह की बंदिशों और यातनाओं को झेलना पडता था। ऐसे कठिन समय में उन्हें कई महापुरूषों के सहयोग भी मिला और उन्होने इसके खिलाफ आवाज़ उठाई जिस कारण उन्हें इन अत्याचारों व बंदिशों से मुक्ति मिल पाई थी। इसके उपरान्त जैसे-जैसे समय व्यतीत होता गया वैसे-वैसे वह अपने आप को संभालने व मजबूत करने में लगी रहीं जिसका परिणाम है कि आज वह समाज के प्रत्येक क्षेत्र में पुरूषों के साथ कन्धे से कन्धा मिलाकर चल रहीं हैं। हालांकि अभी कुछ क्षेत्र ऐसे भी हैं जिनमें महिलाओं को पूरी तरह से कामयाबी नहीं मिल पाई है, पर वह समय दूर नहीं जब वह इन क्षेत्रों मे भी कामयाबी के झण्डे गाडेगीं।

भारतीय समाज में महिलाएं परिवार की मुख्य धुरी होती हैं। जो एक सफल गृहणी के रूप

में अपने परिवार को सही तरह से चलाती है वह एक माँ, पत्नी, बहन और बेटी के रूप में अपने कर्तव्यों का अच्छी तरह निर्वाहन कर रही है। व इसके साथ ही राष्ट्र निर्माण और उसके विकास में भी महत्वपूर्ण भूमिका निभा रही है। भारतीय महिलाओं में विश्वास, करूणा, निष्ठा, दया, समर्पण, बलिदान, ममता, मर्यादा, स्नेह, कुशलता और सहनशीलता की भावना फूट-फूट कर भरी होती है। जिस कारण ही वह विश्व के दूसरे देशों की महिलाओं की तुलना में अग्रणी श्रेणी में शामिल की जाती हैं व विश्व समुदाय का ध्यान अपनी ओर खींचती हैं। भारतीय महिलाएं संस्कृति, संस्कार और परम्पराओं की संरक्षक होती हैं और वह पीढ़ी दर पीढ़ी इसका संचारण भी करती हैं। आज भारत की महिलाएं अपनी प्रतिभाओं की वजह से विश्व समुदाय का ध्यान अपनी ओर खींच रहीं हैं। भारत की विभिन्न क्षेत्रों में आगे रहने वाली प्रमुख महिलाओं की हम यहाँ चर्चा कर रहे हैं।

स्वतंत्रता आन्दोलन में महिलाएंः- भारत को अंग्रेजी राज से मुक्ति दिलाने में देश के सभी धर्म सम्प्रदायों एवं जाति समुदाय के लोगों ने बढ़-चढ़ कर भाग लिया था। तभी यह देश सालों गुलामी की जंजीरों में रहने के बाद आज़ाद हुआ था। देश के इस स्वतंत्रता आन्दोलन में पुरूषों के साथ महिलाओं ने भी बढ़-चढ़ कर हिस्सा लिया था, उसी का परिणाम है कि आज हम आज़ाद भारत में सांस ले रहे हैं। इस स्वतंत्रता आन्दोलन में भाग लेने वाली प्रमुख महिलाओं में कैप्टन लक्ष्मी सहगल, अरूणा आसफ अली, दुगा भाभी, मैडम भीकाजी कामा, विजय लक्ष्मी पंड़ित, सरोजनी नायडु, एनी बेसेन्ट आदि रहीं थीं।

राजनीति के क्षेत्र में महिलाएंः- इस क्षेत्र में देश की जिन महिलाओं ने विश्व पटल पर भारत का नाम रोशन किया है। उनमें प्रमुख रूप से प्रतिभा पाटिल राष्ट्रपति, इन्द्रिरा गांधी प्रधानमंत्री, राजकुमारी अमृत कौर प्रथम केन्द्रीय मंत्री, सोनिया गांधी यूपीए अध्यक्ष, सुमित्रा महाजन, मीरा कुमार लोकसभा अध्यक्ष, अनवरा तैमूर, जया ललिता, मायावती, वसुन्धरा राजे सिन्धिया अलग-अलग प्रदेशों की मुख्यमंत्री, राज्यपाल इनके अलावा भी देश व प्रदेश के मंत्रीमण्डल में भी अनेकों महिलाएं शामिल रहीं हैं।

षिक्षा के क्षेत्र में महिलाएंः- किसी भी राष्ट्र के विकास में शिक्षा सबसे अहम भूमिका निभाती है। क्योकि किसी भी देश की जितनी बड़ी आबादी शिक्षित होगी वह देश उतनी ही तेजी से प्रगति के रास्ते पर आगे बढता है। भारत की पहली महिला शिक्षक सावित्री बाई फुले

के अलावा भी अनेकों शिक्षिकाये इस क्षेत्र में आगे रहीं हैं।

कला-संस्कृति के क्षेत्र में महिलाएंः- यह क्षेत्र बहुत ही विख्यात और विशाल है इसके अन्तर्गत आने प्रमुख क्षेत्रों में गीत, संगीत, चित्रकला, मूर्तीकला, श्रृंगार, लेखनी, कारीगरी, सौन्दर्य प्रतियोगिताएं और भी अनेको तरह की चीजे शामिल हैं। इन विभिन्न क्षेत्रों में भी भारतीय महिलाएं किसी से पीछे नहीं हैं और विश्व में अपना लौहा मनवा रहीं हैं। गायकी में जहाँ एक ओर शमशाद बेगम, लता मंगेश्कर, आशा भोंसले प्रसिद्व रही है वही लेखनी में महादेवी वर्मा, अरूधनी राय प्रसिद्व रही है। श्रृंगार में शहनाज़ हुसैन किसी नाम की मोहताज नहीं हैं। सौन्दर्य प्रतियोगिताओं में रीता फारिया, ऐश्रवया राय, सुष्मीता सेन, प्रियंका चोपडा, दीया मिर्जा को कौन नहीं जानता है।

साहित्य के क्षेत्र में महिलाएंः- साहित्य समाज का दर्पण होता है साहित्य के ही माध्यम से किसी भी राष्ट्र का विकास और निर्माण संभव हो पाता है। भारत की अनेक महिलाओं ने साहित्य के माध्यम से राष्ट्र के निर्माण में अपना विशेष योगदान दिया है। जिनमें विशेष रूप से महादेवी वर्मा, अमृता प्रीतम, मीरा आशा पूर्णा देवी, महाश्वेता देवी, झुम्पा लाहिरी, सुभद्रा कुमारी चैहान आदि रहीं हैं।

खेलों के क्षेत्र में महिलाएंः- खेलों से खिलाडियों में अनुशासन के साथ राष्ट्र प्रेम, शारीरिक कठोरता, साहस और सहनशीलता का विकास होता है। इसके साथ ही खेलों से शारीरिक विकास के अलावा मानसिक विकास भी होता है। इसीलिए खेल हमारी जिन्दगी में सबसे महत्वपूर्ण मनोरंजन का हिस्सा होते हैं। इस क्षेत्र में भी महिलाएं दिनों दिन आगे बढ रहीं हैं। भारत की जो महिलाएं खे्लों में आगे रहीं हैं उनमें प्रमुख रूप से सानिया मिर्जा टेनिस में, पी0 टी0 ऊषा ऐथेलेटिक्स में,सायना नेहवाल बैडमिंटन में, कर्णम मल्लेश्वरी, कुंजीरानी भारत्तोलन में, कोरेन हम्पी शतरंज में, पी0 वी0 सिन्धु बैडमिन्टन में, एम0 सी0 मैरीकॉम मुक्केबाजी में, गीता फोगट पहलवानी में आदि हैं।

प्रशासनिक क्षेत्र में महिलाएं- किसी भी राष्ट्र का प्रशासन उस देश की प्रगति और विकास का सूचक होता है। जिस राष्ट्र की प्रशासनिक व्यवस्था उत्कृष्ट श्रेणी की होती है वह राष्ट्र प्रगति और विकास के रास्ते पर ज्यादा तेजी से आगे बढ़ता है। इस क्षेत्र में भी महिलाएं तेजी के साथ आगे आ रहीं हैं। भारत की इस क्षेत्र में प्रमुख महिलाओं में किरण बेदी, अपराजिता

राय, संगीता कालिया, संजुक्ता पराशर मीरा चढ़ढा आदि रहीं हैं।

वाणिज्य के क्षेत्र मेंः- इस क्षेत्र में महिलाओं को आगे बढ़ते हुए कम देखा गया है। परन्तु फिर भी कुछ एक इसमें भी आगे रहीं हैं जिनमे प्रमुख रूप से अंरूधति भट्टाचार्य-भारतीय स्टेट बैंक की अध्यक्ष रही है, चन्दा कोचक-आई सी आई सी आई बैंक की अध्यक्ष रहीं हैं, शिखा शर्मा-एक्सिस बैंक की, शुभ लक्ष्मी पहासे-इलाहाबाद बैंक की, विजय लक्ष्मी अय्यर-बैंक ऑफ इण्डिया, नैना लाल किदवई-एच एस बी बी आदि इस क्षेत्र में आगे हैं। इसके अलावा भी कई ऐसे क्षेत्र हैं। जिसमें भारतीय महिलाओं ने कामयाबी के झण्डे गाड़े हैं व दिनों-दिन कामयाबी के रास्ते पर आगे बढ रहीं हैं।

भारतीय समाज में महिलाओं की राजनीतिक इतिहास की अगर चर्चा की जाए जो देखा गया है कि उनके लिए इस क्षेत्र में आगे बढ़ना आसान नहीं रहता है क्योंकि वह इस क्षेत्र में पुरूष सहयोग के बिना आगे नहीं बढ़ पाती है। भारत विश्व के प्रमुख लोकतांत्रिक देशों में से एक है यहाँ महिलाओं को भी वोट देने का अधिकार प्राप्त है। भारत को आजादी मिलने के बाद महिलाओं ने विभिन्न क्षेत्रों में अपनी स्थिति में सुधार किया है इनमे प्रमुख रूप से उन्हे पुरूषों के समान अधिकार प्राप्त किये गये जिससे समाज, अर्थव्यवस्था, राजनीति एवं शिक्षा आदि क्षेत्रों में वे उन्नति कर सके। भारतीय महिलाओं को इतने सारे अधिकार दिये जाने के बाबजूद आबादी का बडा भाग अपने मूलभूत अधिकारों व राजनीति में सहभागिता से अभी भी वंचित है। इस महत्वपूर्ण वास्तविकता के आभाव ने महिलाओं को सदियों से कमजोर बनाये रखा है। स्वतंत्रता प्राप्ति के बाद हमारी सामाजिक, राजनीतिक एवं आर्थिक स्थिति पहले से ही कमजोर हो चुकी थी परन्तु फिर भी संविधान सभा में भारत के नए संविधान का प्रारूप तैयार करने के लिए शिक्षित वर्ग की अनेक महिलाओं ने सहभागिता दिखाई थी। दिसम्बर 1946 को भारत का संविधान सभा का निर्माण हुआ था इसमें देश की 14 प्रमुख महिलाओं को सदस्य के रूप में शामिल किया गया था जिनमें अम्मु स्वामीनाथन, दक्षयानी वेलायुद्धन, दुर्गाबाई देशमुख, हंसा मेहता, मालती चैधरी, सुचेता कृपलानी, विजय लक्ष्मी पंड़ित, पूर्णिमा बनर्ती, कमला चैधरी, बेगम अजीज़ रसूल, सरोजनी नायडु, बेगम जहाँआरा शाहनावाज़, लीला राय, बेगम इक्ररामुल्ला थीं।

जब हम भारतीय महिलाओं की संविधानिक पदों पर पहुँचने की बात करते हैं तब हम

देखते हैं कि यह रास्ता महिलाओं के लिए बहुत ज्यादा कठिन होता है। इसके लिए उन्हे पुरूषों के मुकाबले बहुत ज्यादा संघर्ष करना पडता है और कई तरह की बाधाओं का सामना करके ही वह इस क्षेत्र में बढ पाती हैं। भारतीय समाज में महिलाओं के लिए इस क्षेत्र में आगे बढने में सबसे बड़ी बाधा उनका स्त्री होना होता है। क्योंकि भारतीय समाज को पुरूष प्रधान कहा जाता है यहाँ पर स्त्रियों को आगे बढने के लिए कई बाधाओ को पार करना पड़ता है तभी वह इस क्षेत्र में अपना कोई स्थान बना पातीं हैं। फिर भी अनेक भारतीय महिलाओं ने इस क्षेत्र में अपना परचम लहराया है और वह बिना किसी के सहयोग के संविधानिक पदों पर आसीन हुई हैं। इनमें प्रमुख रूप से द्रोपदी मुर्रमुर और प्रतिभा पाटिल राष्ट्रपति रहीं, इन्द्रिरा गांधी प्रधानमंत्री रहीं, मीरा कुमार और सुर्मित्रा महाजन लोकसभा अध्यक्ष रहीं। इस तरह स्वतंत्रता प्राप्ति के बाद से अब तक अनेकों महिलाएं राज्यपाल व मुख्यमंत्री जैसे उच्च पदों पर भी आसिन हई हैं। इस तरह अनेको महिलाएं उच्च पदों पर पहुँच पाई हैं।

इस तरह पिछले कई सालों से अनेकों गैर सरकारी संगठन एवं कई संस्थाए अपने-अपने माध्यम से देश की संसद के दोनों सदनों और राज्य विधानसभाओं में महिलाओं की कम सहभागिता से चितिंत रहीं हैं और महिलाओं को उचित प्रतिनिधित्व देने की मांग भी करती रही हैं लेकिन उनकी मांग का अभी कोई असर दिखाई नही पड़ रहा हैं। संसद के दोनों सदनों में भी इस पर कई बार चर्चा भी हो चुकी है कि महिलाओं को 33 प्रतिशत आरक्षण दिया जाना चाहिए जिससे संसद में उनकी संख्या बढ सके। जिससे वह अपने अधिकारों के लिए संसद में आवाज़ उठाकर अपनी मांगो को मंगवा सके। वर्तमान समय में लोकसभा में महिलाओं की संख्या 74 है अगर महिलाओं को 33 प्रतिशत आरक्षण वाला विधेयक पास हो जाता है तब संसद में इनकी संख्या 180 तक हो सकती है। ऐसी स्थिति में संसद में उनकी ताकत बढ जाएगी और समाज में महिलाओं पर हो रहे अत्याचारों को लेकर कोई कठोर कानून भी पास करा सकती हैं। इस तरह के कानून बन जाने पर महिलाओं से छेडछाड़, बदसलूकी, बलात्कार, दहेज की आड़ में अभ्ररता व शोषण आदि में कमी जरूर आयेगी इसके बाद महिलाएं भारत में अपने को और ज्यादा सुरक्षित महसूस करेगी। इस तरह से आज जो महिलाओं के शोषण व बलात्कार जैसी घटनाएं उनके साथ हो रही हैं उसमें भी भारी कमी आयेगी।

Tamanna

Age- 20 yrs old
State- Punjab
City- Patiala

How, where and when?

She glowed like the moon when they saw her first time,
She giggled Like the bells making people around her smile.
She walk like a goddess and talk like a leader,
She did everything she can do to make everyone around her cheer.
But things didn't went as they said what they planned,
The fear and tears are all she is now hiding as much as she can.
Walking alone under sun is scary as much as it's at night,
Not even fully clothed can save her from those dangerous eyes.
She deserves to fly so high and not to be caged like a bird,
Her body is not something that is made to be touched.
Nowadays her smile is all fake around those men,
When will she get free I question "How, Where and when?".

नीलम नारंग

एडवोकेट हरियाणा पंजाब हाई कोर्ट चंडीगढ़
शिवालिक सिटी, ज़िला-मोहाली (पंजाब)
मोबाइल : 9034422845

सार्थकता स्त्रीत्व की

स्त्री जो आधा अंग है पूरी कायनात का, आधा अंग पुरुष का है क्योंकि बिना किसी औरत के साथ के पुरुष अधूरा ही रहता है। औरत का वजूद भिन्न हो सकता है, एक माँ, बीवी, बहन, दोस्त, भाभी और बेटी का परन्तु अपनी जिंदगी में आने वाले हर पुरुष का ध्यान रखने में उसकी भूमिका ज्यादा नहीं तो कुछ कुछ माँ से मिलती जुलती हुई सी ही होती है। इसमें कोई दो राय नहीं कि वो अपना प्यार, समर्पण, त्याग सब कुछ पुरुष पर लुटा देती है।

स्त्रियाँ हर काम में हमेशा से ही पुरुषों से श्रेष्ठ रही हैं। वो एक अलग बात है कि उन्होंने अपनी श्रेष्ठता को साबित करने की कभी जरुरत महसूस ही नहीं की, न ही उन्हें कभी मौका दिया गया या ये कह सकते हैं उन्होंने कभी अपने लिए मौका ढूंढने की कोशिश भी नहीं की। अपनी इसी समर्पण की भावना के लिए ही वो कब दोयम दर्जे पर आ गयी, वे स्वयं भी इस बात को समझ ही नहीं पाई।

इतिहास गवाह है जब भी स्त्री ने घर से बाहर निकलकर मर्दों के कर्मक्षेत्र में पैर रखा है एक नयी ही मिसाल कायम की है। फिर चाहे वो रजिया सुल्तान हो या रानी लक्ष्मी बाई। शिक्षा के क्षेत्र में रमा बाई हो या रुक्कया बेगम और आज तो कोई भी क्षेत्र अछूता नहीं रहा जहाँ महिलाओं ने अपनी धाक ना जमाई हो। चाहे वह बहुत पढ़ी लिखी है चाहे बिलकुल अनपढ़ चाहे बहुत अमीर हैं, चाहे बहुत गरीब। उन्होंने अपने आप को साबित करने में कभी कोई कोर कसर नहीं छोड़ी।

आज लड़कियां कॉर्पोरेट कंपनीज में काम करने के लिए अपने घरों से निकलकर दूर शहरों में रह रही हैं। वो आजाद ख्याल और अपने तरीके से जिंदगी बिताना चाहती हैं। उनकी

ये पहल एक सराहनीय कदम है। इसके लिए वो अक्सर एक शब्द इस्तेमाल करती हैं हम क्या लडकों से कम हैं। इसी बराबरी को दर्शाने के लिए वो लड़कों की तरह नशे का सहारा लेने लग जाती हैं जो गलत है। बराबरी की तुलना में वे अपनी श्रेष्ठता को भूलती जा रही हैं। क्या ही अच्छा हो जो लड़कों के अवगुण अपनाने से अच्छा हो कि वो अपने गुण अपनाने के लिए लड़कों को प्रेरित करें। इसके बजाए उन्हें अपने स्त्रीजन्य गुणों पर गर्व करना चाहिए। आज के समय में जो स्थान महिलाओं ने हासिल किया है उसके लिए उनको एक लम्बा संघर्ष करना पड़ा है और लगातार कर भी रही हैं। ये भी सच है कि उनके संघर्ष की वजह अलग अलग रही है। वो संघर्ष करती है कभी निर्भया के कातिलों के लिए, कभी अपने हकों के लिए, कहीं नशे के खिलाफ आवाज उठाने के लिए, कहीं मासूम बच्चियों से हुए रेप के लिए, कहीं अपने अस्तित्व को बचाने के लिए उनका संघर्ष निरंतर चलता ही रहता है। सदियों से चलता आया ये संघर्ष अभी भी जारी है और जारी ही रहेगा जब तक उसको बराबरी का हक मिल नहीं जाता। इन सब का गवाह 8 मार्च का महान दिन है और साक्षी है इस तरह के संघर्षों का।

आधी आबादी का इन्साफ

आज 20 मार्च 2020 जब पूरा भारत चार अपराधियों को फांसी पर लटकाए जाने का साक्षी बना है तो कहीं न कहीं लोगों में अपराध के प्रति खौफ भी पैदा होगा। हो सकता है अपराधी प्रवृति के लोग अपराध करते हुए आज के दिन के बारे में सोचें। महिलाएं, लड़कियां और खासकर निर्भया की माँ आज के फैसले से काफी संतुष्ट नजर आईं। पर सवाल ये उठता है क्या सचमुच, आज का फैसला अपराधियों के कदम रोकने में सक्षम होगा? क्या अपराधी कोई भी गलत काम करने से पहले उसके परिणाम के बारे में इतना सोचेगा? एक सुलगता सवाल ये भी है कि क्या कोई भी आदमी सोच विचार कर ही अपराध करता है? जिस तरीके से भारत में हिंसा के और खास तौर पर रेप के मामलों में वृद्धि हो रही है उसको देखकर लगता तो नहीं। पूरे विश्व में भारत देश लोकतंत्र का एक मजबूत स्तम्भ माना जाता है। शायद यहाँ सबसे ज्यादा राजनीतिक दल हैं जो ये संदेश देते हैं कि लोग राजनीतिक रूप से जागरूक है इसके साथ ही सबसे शर्मनाक बात ये भी है कि एक भी राजनितिक दल ऐसा नहीं है जिसमे अपराधिक प्रवृति के लोग शामिल न हो। उससे भी मजेदार बात ये है कि ऐसे लोग ना सिर्फ लोगों का प्रतिनिधित्व करते है बल्कि मंत्री भी बनते हैं। क्या इसे लोगो की राजनीतिक जागरूकता माना जाए? हमारी कानून व्यवस्था बहुत ही लचर है। यहाँ साधारण लोगों और पैसे वाले लोगों के लिए अलग अलग कानून है। एक निर्भया को तो इन्साफ मिल गया लेकिन ऐसी कितनी ही निर्भया हैं जिनके साथ इसी तरह की दरिंदगी हुई है और पुलिस ने साथ देने की बजाए उनके साथ बदसलूकी की है और रिपोर्ट तक दर्ज नहीं की। इस तरह की घटनायें लोगों में कानून के प्रति अविश्वास जगाती हैं जिससे बचने की जरुरत है।

आज के दौर में सबसे जरुरी है कि लड़कों को लड़कियों की इज्जत करना सिखाया जाए। उन्हें बताया जाए कि उनकी शारीरिक सरंचना अलग है। लेकिन इस वजह से वो कमजोर नहीं है। उन्हें इस बात का अहसास करवाया जाए कि वो भी इन्सान हैं उन्हें अपने तरीके से जीने का हक है। उन्हें सिर्फ भोग की वस्तु न माना जाए। वे आदमियों से किसी भी तरह कम नहीं हैं। उन्हें बराबरी से जीने का अधिकार व सम्मान दिया जाए।

मांगती हूँ आज बराबरी का अधिकार, वरना छीनने का हुनर मुझे भी आता है।।

महिला और मानवाधिकार

हर युग में हर परिस्थिति में महिलाओं ने हर संभव कोशिश की है कि वो पुरूष के कंधे से कंधा मिलाकर काम करें। शारीरिक परिस्थिति कैसी भी रही हो उन्होंने अपने आप को सदैव पुरूषों से बलवान ही समझा है। जब भी कठोरता का परिचय देना हो या नम्रता का,उदारता का या संयम का, प्यार का या नफरत का हमेशा दृढ़ निश्चय लेने में स्वयं को सक्षम समझा है। चाहे युद्ध का समय हो, अपने देश को बचाने के लिए कोई संधि करनी हो या समझौता करना हो उनकी कुर्बानियों से इतिहास भरा पड़ा है।

रानी दुर्गावती हो या अहिल्याबाई, लक्ष्मीबाई हो या रजिया सुल्तान हो इनकी कर्मठता, हठधर्मिता, साहस, विवेकशीलता, निर्णय लेने की क्षमता और दृढ़संकल्पता किसी से छिपी नही है। अपना अंतर्विरोध, पारिवारिक कलह आस पास के लोगों द्वारा रचे गए षडयंत्र, बाह्य आक्रमण व स्त्री जनय परिस्थितियाँ भी इनको अपना कर्म करने से नही रोक पाई। बात सिर्फ भारतीय इतिहास की नहीं है अन्य देशों का इतिहास भी इन सब बातों का गवाह है। हालांकि ऐसी औरतों की संख्या बहुत कम है और इन सब के नाम ऊंगलियों पर गिने जा सकते है। लेकिन ये वो नाम है जिन्होनें इतिहास को बदल डाला जैसे इडा वेल्स बारनेट नस्लीय न्याय के लिए एक प्रारंभिक कार्यकर्ता थी।

सोजॉरनर टूथ अफ्रीकन अश्वेत कार्यकर्ता थी जो ना सिर्फ अपने बल्कि अन्य महिलाओं के अधिकारों की लड़ाई के लिए लम्बे समय तक लड़ी। रोजापाकरस का नाम कौन नहीं जानता ? उसने मौलिक मानवीय अधिकारों के लिए आवाज उठाई, जिसके साहस के किस्से भारतीय बच्चे अपने इतिहास की किताबों में पढ़ते है और प्रेरणा लेते है। एलिनोर रूजवेल्ट अमेरिकी महिला भी नागरिक अधिकार कार्यकर्ता के रूप में पहचानी जाती है। इतने लम्बे समय से महिलाएँ अपने अधिकारों के लिए लड़ रही है।

नए संयुक्त राष्ट्र की पहली और महत्वपूर्ण उपलब्धियों में से एक है मानवाधिकारों की सार्वभौमिक घोषणा जो 10 दिसम्बर 1948 को की गई। संयुक्त राष्ट्र संघ की स्थापना के साथ ही महिलाओं के अधिकार की रक्षा करने के प्रयास किए गए परन्तु इतने प्रयासों के बाद हिंसा के मामलों में कोई कमी नही आई। हाँ इसका स्वरूप जरूर बदलकर पहले से ज्यादा

भयावह हो गया है। अब महिलाओं को चाहिए कि वह बदलते स्वरूप के साथ खुद को और भी सशक्त व मजबूत बनाएं ताकि वह किसी पुरुष की हवस का शिकार न बन सके। यह तभी संभव होगा जब वह अपने आप को अबला नहीं सबला समझेगी।

वक्त की मारी अबला नहीं हूँ नारी मैं,
अब बन गई सबला हूँ सब पर भारी मैं।।

डॉ. रशीद ग़ौरी

21- समीर, दिल्ली दरवाजा कॉलोनी।

सोजत सिटी-306104

जिला- पाली (राज.)

एक नयी दिशा

"लीलाबाई... ! आज फिर तू अपनी बच्ची को काम पर ले आई। तुझे कितनी बार मना किया है। इसे साथ मत लाया कर। मुझे अच्छा नहीं लगता है। इसे पढ़ने- लिखने भेज। "

"मेम साब, ये पढ़- लिखकर क्या करेगी? आखिर इसे भी मेरी तरह लोगों के घरों में साफ- सफाई का काम ही करना है। इसलिए इसे काम सिखाने साथ लाती हूं। अभी से सीख जाएगी। इसमें गलत क्या है?"

"तेरा दिमाग तो खराब नहीं हो गया है ! इसमें सब ग़लत ही ग़लत है। क्या हो गया है तुझे? तू समझती क्यों नहीं है? तू मां होकर भी अपनी बच्ची के भविष्य के बारे में नहीं सोचती। क्यों इसकी जिंदगी खराब करने पर तुली है...? " मेमसाब ने फिर समझाने की कोशिश की।

" मेमसाब... हम गरीबों के भाग्य में यही लिक्खा है। मेरी मां भी यही काम करती थी। मैं भी यही करती हूं। आगे मेरी बच्ची भी यही करेगी...। "

तभी टीवी पर एंकर की आवाज गूंजी।

रिक्शा चालक की बेटी बनी आई.ए.एस.।

" देख निगोड़ी... ! गरीब रिक्शा चालक की बेटी कलेक्टर बन सकती है तो तेरी बेटी क्यों नहीं...?"

लीलाबाई एक गहरे सोच में पड़ गई।

तभी लीलाबाई ने एक झटके से अपनी मासूम बेटी के हाथ से वह कपड़े का पौंछा छीन लिया। जिसे वह अपने नन्हें हाथों से फर्श पर चलाने की कोशिश कर रही थी।

लीलाबाई को अपनी बेटी के भविष्य की एक नयी दिशा दिखाई पड़ गई थी।

मेमसाब मुस्कुरा कर रह गई। उसकी मुस्कान का उजाला लीला के जहन को रोशन कर रहा था।

रास्ता

उसने दृढ़ता के साथ परिस्थितियों का सामना करना सीख लिया था। समय ने उसे बहुत कुछ सिखला दिया। पति की हृदयाघात से अचानक मृत्यु के पश्चात तीन बच्चों का भार उसी के कंधों पर आ गया था।

पति की मृत्यु के आघात से उभरी भी नहीं थी कि उसकी दुनिया ही लुट गई। पिछले साल मजदूरी करते समय निर्माणधीन बिल्डिंग की दूसरी मंजिल से वह नीचे गिर गई। परिणाम स्वरूप उसका एक पैर घुटनों तक काटना पड़ गया। लेकिन उसने हिम्मत- हौसला बनाए रखा। उसकी गोद में तीन मासूम बच्चे जो थे।

" बहन, आप विकलांग होने के बावजूद अपने कृत्रिम पैर के साथ बराबर मजदूरी पर आ रही हैं। ईंट-सीमेंट-गारा- पत्थर सब उठा रहीं हैं। आपका हौसला काबिले तारीफ है। आप उन सभी विकलांग महिलाओं के लिए प्रेरणा के एक स्रोत हैं। जो अपनी विकलांगता पर सीधे भीख मांगने बैठ जाती हैं...। " उस गरीब मजदूर महिला की जीवटता से प्रभावित ठेकेदार ने कहा।

" भाई साहब...!"

उसने एक लम्बी सांस भरी।

" बच्चों और खुद का पेट भरने के लिए काम तो करना ही है। कोई दूसरा रास्ता ही नहीं है। मैं इन हालात में हिम्मत नहीं हार सकती। मेरे कंधों पर कर्तव्य-दायित्व का भार है। मैं... तीन बच्चों की एक मां भी हूं...। " उसकी आंखें सजल हो गईं।

उस महिला के आत्मविश्वास एवं गर्व से चमकते तांबई चेहरे पर दर्द का कोई निशान नहीं था। शरीर से विकलांग लेकिन हिम्मत और विचार से सुदृढ़ वह मां पूरे उत्साह के साथ अपने काम में लग गई।

मेरा अभिमान

एक भव्य समारोह में, नेशनल गेम्स में चार सौ मीटर रेस के विजेताओं को विशिष्ट अतिथियों द्वारा सम्मानित किया जा रहा था।

उद्‌घोषक ने बड़े ही मान-सम्मान के साथ स्वर्ण पदक विजेता उस लड़की का नाम पुकारा तो पूरा पांडाल ही तालियों की गड़गड़ाहट से गूंजने लग गया।

आज एक बेटी ने अपने पिता के लिए मेरा अभिमान मेरी बेटी स्लोगन को सार्थक कर दिया था।

तालियों की गूंज शांत होने से पहले ही बेटी की सफलता से पगलाया एक मिडिल क्लास पिता स्टेज की तरफ दौड़ गया।

" मेरी बे..टी...। "

पिता का गर्व से फूला सीना खुशी के मारे बल्ले- बल्ले कर रहा था।

तभी वहां सन्नाटा पसर गया। सभी दर्शक और मंचासीन अतिथि उस पगलाए आदमी की तरफ देखने लग गए।

अपने गर्वित और खुशी के मारे कांपते पिता का आशीर्वाद पाने के लिए गोल्ड मेडल पहने बेटी भी पिता की ओर दौड़ गई।

एक दूजे के लिए, मेरा अभिमान। बेटी और पिता...।

खुशगवार फ़िज़ां में तालियों की गड़गड़ाहट फिर अनवरत गूंज उठी। पिता और बेटी के इस मिलन को देख वहां उपस्थित सभी दर्शकों की आंखों में खुशी की नमी उतरती चली गई।

मोनू मीणा

गांव : कालू का बास,जयपुर राजस्थान

शिक्षा : Bsc, Msc

सुनो नारी

शास्त्र उठाओ खुद ही, अब माधव नहीं आने वाले हैं।
मुफ़लिश रिश्ते रखें है, जिस्म नोच -नोच खाने वाले हैं।।
न सहायक सद्धर्म रहा, न अब कृष्ण चीर बढ़ाएगा
यूँही ही भीरू बनी तो ये जग पग पग पर तुम्हें डराएगा
बढ़ता अनंत अन्याय अनय का, कब तक ये जुर्म सहोगी।
गला घोट चाहतों का, आखरी तक तक घरों में बंद रहोगी।।
ममतामई माँ हो तुम,तुममें ही जौहर की ज्वाला है।
शून्य से सृष्टि को जन्म दिया, तुमने जग को पाला है।।
कोई दुष्ट आतताई छू न पाए, आँखों में अंगार भरो।
श्रृंगारों के पथ बदलों, श्रृंगार न सही श्रृंगाहार करो।
न सोचो कल की, न इस पल, बस पूर्ण ध्यान धरो।
राहों में अपनों का डर तुम्हें डराएगा पर तुम न डरो।।
जीने आए हैं जग में तो खुल के हर पल जिया जाए।
यूँ घुट- घुटके न मरो, मरना है तो एक ही बार मरो

हरिश्चन्द्र त्रिपाठी 'हरीश'

रायबरेली (उप्र) 229010

धर्म-ध्वजा फहराए कौन

दिल को धीर बँधाए कौन,
अपनी पीर बताए कौन। 1।
जंगल-जंगल आग लगी है,
बनकर मलय बुझाए कौन। 2।
टेढ़े-मेढ़े गलियारे हैं,
सीधी राह दिखाए कौन। 3।
आँधी का अंदेशा अब भी,
घर-घर दीप जलाए कौन। 4।
कटुता जिसके अन्तर्मन में,
उस पर स्नेह लुटाए कौन। 5।
सदा सनातन सत्य सिखाता,
धर्म-ध्वजा फहराए कौन। 6।
वीर-प्रसविनी भरत-भूमि यह,
इसकी लाज बचाए कौन। 7।
देव-दनुज का युद्ध हमेशा,
आखिर विजय दिलाए कौन। 8।
घना अंधेरा पसर रहा है,
बोलो राह दिखाए कौन। 9।

जयचन्दों की टाँग तोड़कर,
इनको धूल चटाए कौन। 10।
राष्ट्र-भक्त कवि की कातरता,
अक्षर ज्योति जलाए कौन। 11।
पहनावा हो अगर पुरातन,
फिर तो आँख गड़ाए कौन। 12।
गली-गली में आज दरिंदे,
कैसे लाज बचाए कौन। 13।

एक कली खिल जाने दो

बनकर नन्हीं परी तुम्हारी,
खिल-खिल कर मुसकाने दो। 1।
सुख-समृद्धिमय ताने-बाने,
साथ मलय के लाने दो। 2।
दो-दो कुल उजियार करूँगी,
कुछ नूतन कर जाने दो। 3।
माँ की ममता स्नेह पिता का,
भाव सरल उर आने दो। 4।
सुघर धरित्री की अनुकृति बन,
अम्बर संग हरषाने दो। 5।
बिगुल बजा कर धर्म सनातन,
का अभियान चलाने दो। 6।
जन-जन मन के भाव कलंकित,
पावनता भर जाने दो। 7।
जीने का अधिकार सभी को,
सबको रास रचाने दो। 8।
उर-तपवन के मृदुल सुमन संग,
एक कली खिल जाने दो। 9।
सुरभित होगा यह जग-कानन,
सुघर सुकर्म निभाने दो। 10।
चन्दन भाल लगाये बेटी,
घड़ी सुपावन आने दो। 11।
नहीं नियति में बाधक बनिए,
धन्य धरा महकाने दो। 12।

सृष्टि का शृंगार तुम हो

रूप की कलिका सुकोमल,
कल तुम्हें खिलना पड़ेगा।
संग सुरभित क्रोड लेकर,
स्नेह से मिलना पड़ेगा। टेक।
स्वप्न जो मिलकर सजाया,
अभिशप्त दर्पण बन गया,
भाव की शुचि वेदिका पर,
नव छवि सुदर्शन कर गया।
मन्द-मंथर गति मलय की,
श्वॉस में भरना पड़ेगा।
रूप की कलिका सुकोमल,
कल तुम्हें खिलना पड़ेगा। 1।
गर्व कर सम्बन्ध समुचित,
नित ओज उर भरता रहे,
नेह का वारिद सुपावन,
मधु-वृष्टि नव करता रहे।
कोंपलों में हर सुमन के,
स्नेह-कण झरना पड़ेगा।
रूप की कलिका सुकोमल,
कल तुम्हें खिलना पड़ेगा। 2।
दीप जलते ही रहेंगे,
तृप्ति न जब तक मिले,
मधु परागों को लुटायें,
फूल मनहर अधखिले।

अरुण अधरों पर सुमंगल,
नेह-स्वर सजना पड़ेगा।
रूप की कलिका सुकोमल,
कल तुम्हें खिलना पड़ेगा। 3।
सृष्टि का श्रृंगार तुम हो,
व्यग्र मन,मैं जानता हूँ,
अनवरत हो क्रम नियति का,
बस यही मैं चाहता हूँ।
दर्प ना कर प्राण मेरे,
धूल में मिलना पड़ेगा।
रूप की कलिका सुकोमल,
कल तुम्हें खिलना पड़ेगा। 4।

डॉ गीता पांडेय 'अपराजिता'

रायबरेली उत्तर प्रदेश

आखिर कब तक

न मेरी कविता मेरी न जिज्ञासा मरी।
दुःख इस बात का है कि फिर मनीषा मरी।
इमारत ढहीं तो दिखी हजारों गाड़ियाँ।
आज कहाँ हैं जो करती थी चिघ्घाड़ियाँ।
कितने लोग पहुँचे घर वह भी थी बेटी।
कोई देखने न आया
असहाय लेटी।।
अरे कब तक बेटियाँ ही बलि चढ़ेंगी?
कैसे इस घृणित समाज में कभी बढ़ेंगी?
आज लेखनी भी चलती हुई शर्मिंदा।
कुछ नहीं कर पाई फिर भी है यह जिंदा।।
जाग नारी शक्ति ले चंडी का अवतार।
आज फिर तेज कर अपनी कृपाण की धार।।
कुकर्म कैसे दिखला रहा है निर्दयता।
नियति भी नहीं कर पाई उनसे क्रूरता।
रामराज्य लाने वालों कब तक अन्याय।
दुष्कर्मी को मृत्यु दंड नहीं सर्वमान्य।।
बालीबुड दलाल मीडिया न दिखाती है।

गरीब बेटियों की चीखें दब जाती है।।
सारे मुद्दों को वह खूब चिल्लाती है।
उस बेटी की कराह नहीं सुन पाती है।।
पापियों तेरे बहन बेटियाँ नहीं होती।
दुष्कर्म से रूह नफ़रत के बीज बोती।।
हैवानियत से फिर हुआ प्रदेश कलंकित।
सबकी बहन बेटियाँ हो रही सशंकित।।
जुल्म करने वालों का मर गया हैं ज़मीर।
न्याय व्यवस्था से मन मेरा हुआ अधीर।।
बेटी को इस हाल में भी जबरन जलाया।
माँ-बाप को अंतिम दर्शन से तरसाया।।
आखिर कब तलक यह अत्याचार बढ़ेगा?
इस पर रंग क्या कभी सदाचार चढ़ेगा?
गीता की नम आँखें दें रहीं श्रद्धांजलि।
निस्तब्ध हो गई आज इसकी काव्यांजलि।।

कुदृष्टि

कलियाँ फूल नहीं बन पाती, पहले तोड़ी जाती हैं।
दारिंदों की चंगुल में फँस, सदा निचोड़ी जाती है।।

जिसे देखकर भारत माता, होती अति शर्मिंदा हैं।
मौज करें निज जग दारिंदे, हँस-हँस करके जिंदा है।।
क्या कसूर मासूमों का जो, सदा मरोडी.जाती हैं।
कलियाँ ....

बहन बेटियाँ पूज्य हमारी, बलिवेदी इनको मिलती।
बहसी क्रूर दरिंदे कैसे,रूह नहीं तेरी हिलती।।
इन पर रहे क्रुदृष्टि डालता,क्यों नहि छोड़ी जाती हैं।
कलियाँ ....

मात-पिता का अरमान सदा, इनको योग्य बनाने का।
पढ़ा-लिखा कर खूब इन्हें तब, डोली रहे सजाने का।।
चूर-चूर सपने हो जाते,टुकड़े जोड़ी जाती है।
कलियाँ....................

डोली जब अर्थी बनती है, माँ-बाप कलेजा फटता।
यादों की दृश्य उभर आए, आँखों से कभी न हटता।।
बनी कलेजे का जो टुकड़ा, गर्दन मोडी.जाती है।
कलियाँ ....

कानून गूँगा बहरा अंधा, माँग गवाही लेता है।
छूट दरिंदों को मिल जाती, सजा नहीं वह देता है।।
पता नहीं क्या इसे अभी तक,कैसे गोडी.जाती है।
कलियाँ ....

मरने पर भी न्याय कभी वो, मासूम नहीं है पाती।
बढे हौसला दरिंदों का,नयी योजना बन जाती।।
किसी कली को पुनः तोड़ते, डाल झंझोड़ी जाती हैं।
कलियाँ ....

जागो देश की नारी

जगो देश की वीर नारियों,
आवो फिर से लिखे कहानी।
लक्ष्मी दुर्गा बनो अहिल्या,
रूप धरो मिल सब मर्दानी।।

कैसी भी हो विकट परिस्थिति,
खुद से खुद को लड़ना होगा।
क्रुर दरिंदे या जेहादी,
उनसे हम को भिड़ना होगा।
फिर चमके सत्तावन वाली,
रानी की तलवार पुरानी।।
लक्ष्मी-----------------

चढ़ो नहीं बलि वेदी पर,
साहस शौर्य पराक्रम जागे।
टिक ना पाए एक भी दुश्मन,
मुँह की खा कर भगे अभागे।
ऐसा बल पौरुष अपनाओ,
करो नहीं अब तो नादानी।।
लक्ष्मी --------------

सच कहती हूँ बात मान लो,
काली दुर्गा चंडी बनना।
क्षमा नहीं करना है किसी को,

सारे असुरों का वध करना।
ऐसा ही विकराल रूप धर,
स्वयं हमें पहचान बनानी।।
लक्ष्मी-----------------

जिस दिन ऐसा हो जाएगा,
एक नहीं अरि टिक पाएगा।
सभी नारियाँ रहे सुरक्षित,
अपराधी भी झुक जाएगा।।
समय बुरा है चेत सभी लो,
मिलकर ऐसी मुहिम चलानी।।
लक्ष्मी-----------------

मासूम बच्चियों की अर्थी पर,
माँ-बाप नहीं फिर रोयेंगे।
नहीं कभी निर्भया बनेगी,
ऐसा बीज सदा बोयेंगें।।
बना रहे डर उनके मन में,
चले नहीं उनकी मनमानी।।
लक्ष्मी दुर्गा-----------------

प्रभा कुण्डल

भोपाल

माँ करो उपकार

अवनी रो रही है मैया,
सुनों नारी की करूण चीत्कार,
दुधमुँही बच्ची से लेकर हर महिला करे पुकार
नर पिशाचों का खत्म हो अत्याचार,
माँ अब तो नारी पर
करो उपकार।

नहीं उम्र का कोई बंधन,
नहीं रही रिश्तों की सीमा,
जीवन हुआ है लाचार,
माँ, नारी पर करो
उपकार।

अजन्मी नारी

ऐ पुरुष !मैं करती एक सवाल,
हम दोनों एक पिता की संतान।
इस बात से अनभिज्ञ तुम,
क्यों बन रहे अनजान?

मरणांतक पीड़ा सह कर भी,
मैंने जन्म दिया है तुमको।
बाहों का झूला झुलाकर
बड़ा किया है तुमको।

जीवन की हर बाधा में
मैं बनी तुम्हारी ढाल।
हुआ आज क्या ऐसा
जो नारी बन गई सवाल।

मातृत्व के शुभ समाचार से
घर भर में खुशियाँ छाईं,
गर्भ मे कन्या रत्न है सुनकर,
घर में मुर्दानी छाई।

नारी बिन पुरुष अधूरा
पुरुष बिना अधूरी नारी,
फ़िर क्यों नारी के जन्म
को लेकर आती विपदा भारी।

नारी से पुरुष, पुरुष से नारी,
मिल कर खुशियाँ आती।
उसी क्रूर पुरुष के द्वारा
गर्भ में ही नारी की हत्या कर दी जाती।

ऐ पुरुष !मैं करती एक सवाल
पुरुष जन्म पर खुशियाँ ही खुशियाँ,
नारी जन्म पर क्यों मचे बवाल !
आखिर क्यूँ?

हार नहीं मानूँगी

निज मन की अभिलाषाओं
के लिए,
अर्थहीन मान्यताओं
को चाहे रौंदना पड़े,
या सहनी पड़े कुंठाएँ
सामाजिक कुरीतियों से
लड़ जाऊँगी
पर हार नहीं मानूँगी !
आँखों में पलते दिवास्वप्न
मन की मधुर इच्छाओं के लिए
अवरोधों की तोड़ दीवारें
मैं आगे बढ़ जाऊँगी
पर हार नहीं मानूँगी।
थक जाए मन स्वीकार है,
स्वप्न होंगे पूरे एतबार है !
तमन्नाओं की तस्वीर बना लूँगी,
पर हार नहीं मानूँगी !
आशाओं का आकाश हो
मन में दृढ़ विश्वास हो
मन की आकाँक्षाओं के लिए
अरमानों के दीप जला लूँगी
पर हार नहीं मानूँगी।

डॉक्टर लक्ष्मी कुशवाहा

पुलिस अधीक्षक

पुलिस प्रशिक्षण शाला उमरिया से.नि.(म०प्र०)

आख़िर कब तक

आख़िर कब तक मैं पेट में ही मरती रहूँगी?
आख़िर कब तक बाहर जीने के लिए लड़ती रहूँगी?
गुड टच, बेड टच, मी टू क्या मुझे ही समझाते रहोगें?
जो इसके कारण है क्या उनको भी कुछ कहोगे?
कुकरमुत्ते से उग आये हैं बलात्कारी हर गली मोहल्ले गाँव में,
गंदे खून की बह रही है नाली सड़े हुए दिमाग़ में।
आख़िर कब तक पनपेंगी, बढ़ेगी फैलेगी यह विषैली बेलें हरियाली?
कर के हिम्मत क्यों नहीं जला देते हम इनकी पराली?
भारत में न जाने कैसे बाढ़ आ गयी इन नर पिशाचों की?
नारी की देह को नोचे पायें अकेली जहाँ भी।
भारत माँ के दामन पे उभर आये जो ये काले बदनुमा दाग हैं।
गाँव गाँव और शहर शहर में वासना की गंदी आग है।
स्कूल, बस, अस्पताल, कार्यस्थल पास पड़ोस भी नहीं सुरक्षित,
जब रक्षक ही भक्षक बन जायें तो होगी नारी को बड़ी मुश्किल।
आख़िर कब तक सुनवाई गवाह पेशियाँ होती रहेंगी?
ऐसे वीभत्स कुत्सित मानवों के मानव अधिकारों की रक्षा होती रहेगी?
तड़प रही हूँ सुलग रही हूँ मैं इन मोमबत्तियों की तपिश में,
कर दो अब मुँह इनका मशाल बना

उन दरिंदों की ओर तुम।
सुनना चाहती हूँ अब मैं भी उनकी वैसी ही चीखें,
जैसी उस दिन सुन के हंस रहे थे ये मेरी चीखें।
इन बलात्कारियों को कभी माफ़ न करना,
वरना फिर पड़ेगा किसी और बहन बेटी को कराहना।
खून लग चुका है बहुत सा इन भेड़ियों की दाढ़ों में,
निर्भय होकर घूम रहे हैं यह धरा और पहाड़ों पे।
बहुत सीख लिए तुमने हुनर अपने जीवन संवारने के,
अब एक हुनर ये भी सीखो अपनी रक्षा कर मुसीबत से बच पाने के।
सीखो लाठी, पत्थर, तलवार, पिस्तौल, तीर चलाना,
सीखो जूडो कराटे, ताईकमांडो बिना हथियार भिड़ जाना।
छोड़ो लोग क्या कहेंगे सोच कर डर जाना,
छुई - मुई बन घर में सिर घुटनों में छुपा दुबक जाना।
यदि हुआ है अत्याचार तो उठो डरो मत सामना करो,
निकलो बाहर सबक़ सिखाओ ईंट से ईंट बजा वार करो।
आख़िर कब तक यूँ ही घुट -घुट के जीती रहोगी?
अपमान के विष भरे प्याले घूँट भर पीती रहोगी?
अब बारी है अत्याचारियों के डर से थरथराने की,
उनको वही अपमान के विष भरे प्याले लौटाने की।
आख़िर कब तक ढूँढती रहोगी कि कोई आये और तुमको बचाये?
करो मज़बूत ख़ुद को इतना कि कोई बुरी नज़र न डाल पाये।
करो हाथ पैरों को फ़ौलाद इतना कि एक लात कस के
उस दरिंदे के मर्मस्थल पे मार पाओ,
आख़िर कब तक और क्यों जहाँ शूल बनना चाहिये,
वहाँ नाज़ुक नारी बन कोने में खड़ी रहोगी।।
आख़िर कब तक सुनवाई गवाह पेशियाँ होती रहेंगी?

ऐसे वीभत्स कुत्सित मानवों के मानव अधिकारों की रक्षा होती रहेगी?
तड़प रही हूँ सुलग रही हूँ मैं इन मोमबत्तियों की तपिश में
कर दो अब मुँह इनका मशाल बना उन दरिंदों की ओर तुम
सुनना चाहती हूँ अब मैं भी उनकी वैसी ही चीखें,
जैसी उस दिन सुन के हंस रहे थे ये मेरी चीखें।
इन बलात्कारियों को कभी माफ़ न करना,
वरना फिर पड़ेगा किसी और बहन बेटी को कराहना।
खून लग चुका है बहुत सा इन भेड़ियों की दाढ़ों में।
निर्भय होकर घूम रहे हैं यह धरा और पहाड़ों पे।
बहुत सीख लिए तुमने हुनर अपने जीवन संवारने के,
अब एक हुनर ये भी सीखो अपनी रक्षा कर मुसीबत से बच पाने के।
सीखो लाठी, पत्थर, तलवार, पिस्तौल, तीर चलाना,
सीखो जूडो कराटे ताईकमांडो बिना हथियार भिड़ जाना।
छोड़ो लोग क्या कहेंगे? सोच कर डर जाना।
छुई - मुई बन घर में सिर घुटनों में छुपा दुबक जाना।
यदि हुआ है अत्याचार तो उठो डरो मत सामना करो
निकलो बाहर सबक़ सिखाओ ईंट से ईंट बजा वार करो।
आख़िर कब तक यूँ ही घुट -घुट के जीती रहोगी?

उड़ने दो आकाश में

उड़ने दो आकाश में अब तो हम नन्ही चिड़ियाओं को,
तंग पिंजरों के अब तो खोल दो पट दरवाजों को।
बहुत रोक लिया अब नहीं रोको मेरी उड़ान को,
पापा की परियों को माँ की लाड़ली जान को।
नापने दो हमको भी धरती गगन अकेले,
चाँद को जाके छूलें और मंगल पे जाके टहलें।
सांस तो पूरी लेने दो यूं देखो नहीं अजूबों से,
लड़का लड़की सब ही बराबर बाँटो न हमको भेदों से।
बड़ी मुश्किल से मिली आज़ादी हमको अपने भाग्य की,
आसान नहीं है राह हमारी जीवन पथ की राहों की।
उड़ने दो हमको भी अब पंख पसारे अंबर में,
भर लायेंगी हम भी अब चाँद - सितारे आँचल में।
रोक सको तो रोको उनको जो घात लगायें बैठे हैं,
नारी की अस्मत को लूटें अट्टहास लगाते बैठे हैं।
जाने कितने छिपे हुए है नाग विषैले छाँव में,
पकड़ो, खींचो मारो इनको बिचरें न पाये राहों में।
आख़िर कब तक और सहेंगे ज़ोर जुल्म की आँधी को?
चिड़ियाँओ तुम टूट पड़ो और नोंच लो बाज की आंखी को।

नारी की पीड़ा

नारी की पीड़ा आख़िर कब तक न सुनी जाएगी?
यदि नहीं सुनने वाला कोई तो अब ज़बरदस्ती सुनाई जाएगी।
बहुत भर चुका सागर उसके आँसुओ से,
अब किनारे तोड़ बहने को आतुर इस समाज से।
कभी माँ, कभी बेटी, कभी बहन, पत्नी प्रेयसी बन संवारा है तुमको,
फिर भी नारी के दर्द कराहों की नहीं क़ीमत तुमको।
कभी समाज की रूढ़ियाँ, कभी रीति रिवाज़ों का बंधन,
नारी की इच्छाओं का होता रहा है सदा से दमन।
घर की चौखट भी बड़ी मुश्किल से लांघ पाती थी,
सिर पर सौ - सौ दुहाइयाँ लाद दी जाती थीं।

उसकी मासूम सी स्वतंत्रता को छीन लिया जाता है,
उसने जो पूछे सवाल तो चुप करा दिया जाता है।
ज़माना बुरा है कह कर कभी शिक्षा के नाम पर रुकावटें,
कभी विवाह में उसकी इच्छा कोई न सुनें।
कभी दहेज की आग में बेदर्दी से जला दी जाती,
कभी ऑनर किलिंग के नाम पर मार दी जाती।
सच कहा जमाना बुरा है पर वो सिर्फ़ बेटियों के लिए ही क्यों बुरा है?
देखो न कई बेटियाँ इसकी भेंट चढ़ रही हैं।
कई निर्भया भय से थरथरा ख़ामोश कर दी गयी हैं,
उनकी आँखों में बसे थे सपने जीना चाहती थी ज़िंदगी सुनहरी
शिकारियों ने छल से फेंकें जाल और ज़िंदगी कर दी अंधेरी।

हर दिन उसका संघर्ष, हर पल की लड़ाई,
उसके मन में हर रोज़ उठती भय की परछाई।
कभी मान की रक्षा में बंधा उसका जीवन,
कभी अपमान के काँटों से भरा उसका तन-मन।
आख़िर कब तक नारी को एक वस्तु ही समझा जाएगा?
उसके आत्मसम्मान को सदा ही कचोटा जाएगा?
उसकी सहनशीलता को मत कमज़ोर समझों,
उसकी दहाड़ से समाज का हर कोना सहम जाएगा।
नारी के संघर्ष की कहानियाँ तो सबने ही सुनी हैं,
उसकी हिम्मत में भी कोई कमी नहीं है।
आख़िर क्यों नारी को सता क्रोध को जगाते हो?
अरे ओ बलात्कारियों !, क्या एक और फूलन देवी चाहते हो?

आख़िर कब तक नारी पर अत्याचार होंगे ?

भारत के कई राज्यों में नारी पर अत्याचार और हिंसा की घटनाओं की खबरें आए दिन न्यूज़ पेपर और मीडिया के माध्यम से सामने आती रहती हैं। चाहे वह घरेलू हिंसा हो, दहेज के लिए प्रताड़ना, यौन उत्पीड़न, बाल विवाह, या मानव तस्करी; इन सभी के मूल में एक ही प्रश्न उठता है, सदियों से जो नारी के साथ अत्याचार हुए हैं आखिर कब तक और यह अत्याचार होते रहेंगे ? यह समस्या सिर्फ एक कानूनी या सामाजिक समस्या नहीं है, बल्कि यह एक ऐसी मानसिकता का परिणाम है, जो सदियों से महिलाओं को कमजोर, निर्बल और पुरुष आधीन मानती आई है।

नारी पर अत्याचार: कारण और प्रभाव

नारी पर अत्याचार के पीछे कोई एक कारण नहीं रहा है बल्कि बहुत से कारण हैं,इनमें पितृसत्तात्मक समाज की मानसिकता, आर्थिक निर्भरता, शिक्षा की कमी, और कानूनी प्रणाली की कमजोरियाँ शामिल हैं। हमारे समाज में महिलाओं को अक्सर दोयम दर्जे का नागरिक माना जाता है, जिन्हें अपने अधिकारों और स्वाभिमान के लिए संघर्ष करना पड़ता है।

पितृसत्तात्मक मानसिकता

पितृसत्तात्मक मानसिकता तो भारतीय समाज में सदियों से चली आ रही है। पितृसत्तात्मक मानसिकता महिलाओं को एक निम्न स्तर का दर्जा देती है। घर के काम-काज से लेकर निर्णय लेने की प्रक्रिया तक, महिलाओं की भूमिका को हमेशा सीमित रखा गया है। पुरुषों को प्रधानता देने की इस परंपरा ने महिलाओं को अपने अधिकारों से वंचित रखा है।

आर्थिक निर्भरता

महिलाओं की आर्थिक निर्भरता भी उनके उत्पीड़न का एक बड़ा कारण है। जब महिलाएँ आर्थिक रूप से आत्मनिर्भर नहीं होतीं, तो वे अपने अधिकारों के लिए आवाज़ उठाने में असमर्थ होती हैं। उन्हें अपने परिवार या पति पर निर्भर रहना पड़ता है, जिसके कारण वे अक्सर अत्याचार को सहने के लिए मजबूर होती हैं। इसलिए माता - पिता को यह सुनिश्चित करना चाहिए कि उनकी बेटी पढ़ लिख कर अपने पैरो पे खड़ी हो और आर्थिक रूप से आत्म

निर्भर बने।

शिक्षा की कमी

ग्रामीण और पिछड़े इलाकों में आज भी बेटियों को पढ़ाने पर ध्यान नहीं दिया जाता। वहाँ आज भी महिलाओं की शिक्षा का स्तर बहुत कम है। शिक्षा के अभाव में महिलाएँ अपने अधिकारों और कर्तव्यों के प्रति जागरूक नहीं हो पातीं। इसके साथ ही, शिक्षा की कमी महिलाओं को रोजगार के अवसरों से भी वंचित रखती है, जिससे उनकी आर्थिक निर्भरता बढ़ जाती है। इसलिए ग्रामीण इलाक़ों पे विशेष ध्यान देना होगा। नारी पे अत्याचार तो हो ही रहे है और अत्याचार करने वाले बच भी रहे है क्योंकि जिस पर अत्याचार हो रहे हैं वही आवाज़ नहीं उठाना चाहती समाज के डर से परिवार के डर से। इसलिए नारी पर अत्याचार को रोकने के लिए हमें कई मोर्चों पर काम करने की आवश्यकता है। इसमें न केवल कानूनी सुधार की आवश्यकता है, बल्कि सामाजिक, आर्थिक और शैक्षिक स्तर पर भी बड़े बदलाव करने होंगे।

कानूनी सुधार

जैसे - जैसे और जिस प्रकार के महिलाओं के खिलाफ अपराध होते हैं उस हिसाब से आवश्यकतानुसार क़ानून में सुधार आवश्यक है और महिलाओं के प्रति होने वाले गंभीर अपराधों के लिए सख्त कानूनों का प्रावधान होना चाहिए। इसके साथ ही, कानूनों के प्रभावी कार्यान्वयन और दोषियों को त्वरित सजा दिलाने की प्रक्रिया को भी तेज़ और पारदर्शी बनाना होगा। यह सुनिश्चित करना होगा कि क़ानून की जानकारी हर महिला तक पहुँच सके।

शिक्षा और जागरूकता

महिलाओं की शिक्षा पर विशेष ध्यान देने की आवश्यकता है। हालाँकी बेटी बचाओ बेटी पढ़ाओ जैसे अभियान तो चलाये ही जा रहे हैं किंतु फिर भी शिक्षा के माध्यम से महिलाओं को उनके अधिकारों के प्रति जागरूक किया जाना और उन्हें आत्मनिर्भर बनने के लिए प्रोत्साहित किया जा सकता है। इसके अलावा, समाज में महिलाओं के प्रति सम्मान और समानता का संदेश देने वाले कार्यक्रमों का आयोजन किया जाना चाहिए।

आर्थिक शक्तिकरण

महिलाओं को आर्थिक शक्तिकरण के लिए उन्हें रोजगार के अवसर प्रदान करना

आवश्यक है। इसके लिए उन्हें कौशल विकास के कार्यक्रमों से जोड़ना चाहिए और स्वरोजगार के अवसर प्रदान करने के लिए वित्तीय सहायता दी जानी चाहिए। जब महिलाएँ आर्थिक रूप से स्वतंत्र होंगी, तो वे अपने अधिकारों के लिए अधिक सशक्त रूप से खड़ी हो सकेंगी।

हालाँकि यह कहा जा सकता है कि सरकारें कई योजनाएँ चला तो रही है, वित्तीय सहायता दी तो जा रही है। हाँ बहुत योजनाएँ चल रही हैं किन्तु ये भी देखना ज़रूरी है कि उन तक वो पहुँच भी रही है या बिचौलियों की टोली उनको घेरे खड़ी है।

समाज में मानसिकता परिवर्तन

सबसे महत्वपूर्ण कदम समाज में व्याप्त पितृसत्तात्मक मानसिकता को बदलना है। इसके लिए हमें बचपन से ही लड़कों और लड़कियों को समानता का पाठ पढ़ाना होगा। परिवार, स्कूल और समाज के स्तर पर लड़कों को महिलाओं के प्रति सम्मान और संवेदनशीलता का व्यवहार सिखाना होगा। इसके लिए बचपन से ही घर और स्कूल से शुरुआत करनी होगी।

सामाजिक संगठनों की भूमिका

विभिन्न गैर-सरकारी संगठनों और सामाजिक संस्थाओं को महिलाओं के अधिकारों और सुरक्षा के लिए सक्रिय भूमिका निभानी चाहिए। इन संगठनों को महिलाओं के साथ होने वाले अत्याचारों के खिलाफ आवाज उठाने और उन्हें न्याय दिलाने में मदद करनी चाहिए।

मीडिया की भूमिका

मीडिया को चौथा स्तंभ कहा जाता है। समाज में मीडिया की भूमिका बहुत महत्वपूर्ण हो जाती है क्योंकि आज चाहे झोंपड़ी ही क्यों न हो हर घर में टी वी है। मीडिया महिलाओं के अधिकारों के संरक्षण में महत्वपूर्ण भूमिका निभा रहा है। अब महिलाओं पर किसी भी राज्य में अपराध होते है तो मीडिया के माध्यम से तत्काल ही सूचना प्राप्त हो जाती है। किंतु ये भी आवश्यक है की महिलायें केवल सास बहू वाले सीरियल ही न देखे समाज में क्या हो रहा है, उनके लिए सरकारें क्या कर रही है ये भी देखें। टीवी चैनलों को अपनी टीआरपी बढ़ाने के साथ - साथ समाज में सकारात्मक बदलाव लाने के लिए महिलाओं के सशक्तिकरण और उनके अधिकारों से संबंधित मुद्दों को प्रमुखता से उठाने के लिए प्रयास करना चाहिए।

पुलिस की भूमिका

अपराध घटित होने के बाद पुलिस विवेचना शुरू करती है जैसे ही सूचना मिले पुलिस को घटना स्थल पहुँच कर घटना स्थल को सुरक्षित कर लेना चाहिए। छोटी से छोटी चीज जो भी घटना स्थल पे मिले उसे जप्त कर लेना चाहिए। FSL Team तो पुलिस बुलाती ही है किंतु घटना स्थल के पास लोगो को आने नहीं देना चाहिए। पुलिस पे ऐसे समय में बहुत दबाव होता है उनको बहुत धैर्य से काम करना होता है। पुलिस वैज्ञानिक साक्ष्य तो एकत्रित करती ही है किंतु उसे गवाहों के बयानों की भी आवश्यकता होती है। जनता को पुलिस की विवेचना में,पूछताछ में जरूर मदद करनी चाहिए। पुलिस भी इसी समाज से आयी है वो भी इंसान है, उसे भी महिलाओं पर होने वाले अत्याचारों से पीड़ा पहुँचती है पुलिस वैसे तो अपना कार्य ज़िम्मेदारी से करती ही है किंतु यदि आपको लगता है कि पुलिस विवेचना में लापरवाही कर रही है तो वरिष्ठ अधिकारियों को शिकायत की जा सकती है।

वैसे नारी पर अत्याचार न हो ये तब तक संभव नहीं है जब तक नारी इसका विरोध न करे। नारी को बचपन से ही यही सिखाया जाता है कि घर की बात घर में ही रहनी चाहिए बाहर नहीं जानी चाहिए और यही बात रखने के लिए वो हर प्रकार की प्रताड़ना सहती है चाहें मारपीट हो, अपमान हो, उस पर घर के ही किसी रिश्तेदार द्वारा बलात्कार हो। वो कितनी दहशत में जीती होगी वही जानती होगी ज़िस पर ये बीतती होगी। कुछ जागरूक महिलायें तो इसका विरोध करती हैं किंतु कई समाज क्या कहेगा के डर से चुप ही रहती है, कुछ पर तो उनके घर वाले पागलपन की मोहर ही लगा देते हैं।

इसलिए नारी पर अत्याचार को समाप्त करने के लिए हमें एक संयुक्त और सतत प्रयास करने की आवश्यकता है। यह एक दिन या एक वर्ष की बात नहीं है, बल्कि यह एक लंबी प्रक्रिया है जिसमें समाज के सभी वर्गों की भागीदारी आवश्यक है। हमें अपने समाज की सोच में बदलाव लाने की जरूरत है, जहां महिलाएं सुरक्षित और सशक्त महसूस करें। एक ऐसा समाज बनाना हमारी जिम्मेदारी है जहां नारी का सम्मान हो, उसे बराबरी का दर्जा मिले, और वह अपने जीवन को स्वतंत्र रूप से जी सके। जब तक हम इन मूलभूत बदलावों को नहीं अपनाएंगे, तब तक नारी पर अत्याचार की घटनाओं को रोक पाना संभव नहीं होगा। इसलिए, यह समय की मांग है कि हम सब मिलकर इस दिशा में ठोस कदम उठाएं और वो ये होगा

कि प्राथमिक कक्षाओं से ही लड़कियों को जूडो - कराटे सिखायें लाठी चलाना सिखायें, शहरों के स्कूल - कॉलेज में तो NCC रहती है किंतु गाँव के स्कूल कॉलेज में भी NCC हो, ये वहाँ शिक्षिक और नेता गण सुनिश्चित करें जिससे बेटियों में आत्मनिर्भरता बढ़ेगी व उनके व्यक्तित्व का विकास होगा।

हमें भी अपनी भूमिका देखनी होगी हमारा भी यह कर्तव्य है कि हम जितना हो सके अपने आसपास की कमजोर महिलाओं को सशक्त बनायें और नारी सशक्तिकरण को एक वास्तविकता बनाएं। आख़िर कब तक हम नारियाँ ये सोचती रहेंगी कि कोई आये और हमें बचाये हम ख़ुद क्यों नहीं अपने आप को ही इतना मज़बूत कर लेंती हैं कि कोई हम पर अत्याचार करने की हिम्मत ही न कर पाये

नाज़रीन अंसारी 'राफी'

जन्मस्थानः मुँगरा बादशाहपुर,
जिला जौनपुर, उत्तर प्रदेश
शिक्षाः पोस्ट ग्रेजुएशन

बेटियों तैयार हो जाओ

अपनी वीरांगना छवि में दुर्गा अवतार से,
लड़ो लड़ाई सम्मान की जीत का, शान से,
बेटियों बस, अब तुम होशियार हो जाओ,
मुखौटों में छिपे दरिंदों को पहचान जाओ,
अपनी ओजस्वी दृष्टि के तेजस्व प्रभाव से,
आत्मबल के सशक्त कटिबद्ध प्रहार से,
लोगों की बदनीयती को आईना दिखाओ,
मिठास में घुली कड़वाहट को भेद जाओ,
किसी भी चक्रव्यूह में रुक जाओ घुसने से,
ग़लत मंसूबों से बचा लो स्वयं को फँसने से,
आस-पास के बिछे जाल में फँस ना जाओ,
अपनी समझदारी से सब कुछ भाँप जाओ
बहनों अब बात नहीं बनेगी ऐसे रुकने से,
अब कोई ना रुकेगा तुम्हारे ऐसे थमने से,
अपनी नज़र की कटारी तेज़ कर जाओ,
तुम बहुत शक्तिशाली हो, तैयार हो जाओ,
कभी न पीछे हटना तुम अपनी मुस्कान से,
कोई कितना भी रुलाना चाहे आँसुओं से,

कोमल नहीं, अब तुम वीरांगना बन जाओ,
अपनी रक्षा करने के हर पैंतरे सीख जाओ
भागो नहीं, भगाओ दरिंदो को समाज से,
सक्षम व सशक्त हो,साबित करो साहस से,
बेटियों बस, अब तुम होशियार हो जाओ,
मुखौटों में छिपे दरिंदों को पहचान जाओ।

आख़िर कब तक

आख़िर कब ख़त्म होगा नारी को निर्बल समझना?
आख़िर कब ख़त्म होगा नारी का उत्पीड़न होना?
आख़िर कब ख़त्म होगा नारी का तिरस्कार होना?
आख़िर कब ख़त्म होगा नारी पर हाथ उठाना?
आख़िर कब ख़त्म होगा नारी को नीचा दिखाना?
आख़िर कब ख़त्म होगा नारी को कम आँकना?
आख़िर कब ख़त्म होगा नारी को यंत्र समझना?
आख़िर कब ख़त्म होगा नारी को बेवजह सताना?
आख़िर कब ख़त्म होगा नारी को इस्तेमाल करना?
आख़िर कब ख़त्म होगा नारी की अस्मत लूटना?
आख़िर कब ख़त्म होगा नारी को ज़िंदा जलाना?
आख़िर कब ख़त्म होगा नारी का आत्मदाह करना?
आख़िर कब ख़त्म होगा नारी को तड़पाना?
आख़िर कब ख़त्म होगा नारी को क़ैद करना?
आख़िर कब ख़त्म होगा नारी का पंख बांधना?
आख़िर कब ख़त्म होगा नारी पर अत्याचार होना?
आख़िर कब ख़त्म होगा नारी पर दुराचारी होना?
आख़िर कब ख़त्म होगा नारी पर व्यभिचार होना?
आख़िर कब ख़त्म होगा नारी पर कहर बरसाना?
आख़िर कब ख़त्म होगा नारी का हौसला तोडना?
आख़िर कब ख़त्म होगा नारी पर दबाव बनाना?
आख़िर कब ख़त्म होगा नारी को बढ़ने से रोकना?
आख़िर कब ख़त्म होगा नारी का अधिकार छीनना?
आख़िर कब ख़त्म होगा नारी के नारीत्व का हनन?

अस्मिता के लुटेरे

मैं तो पानी थी, दरिंदों ने मदिरा समझ लिया,
मैं तो निर्मल थी, दानवों ने मटमैला कर दिया,
मैं बेटी हूँ, पत्नी हूँ, राखी बहन हूँ तुम सबकी,
सब छोड़ तेरी जननी हूँ, क्यों भूल गया पापी,
अधर्मी, राक्षस, तू नरसंहारी और क्या नाम दूँ,
अस्मिता के लुटेरे तुझे अग्नि के हवाले कर दूँ,
तेरे पापों की सजा देने में तनिक भी देर न हो,
तुम जैसे निर्दयी की जल्दी धरा से सफाई हो,
क्यों तुम इतने कठोर, इतने वैमनस्य बन गए,
क्यों तेरे अंदर दया का कुछ भाव पनप न पाए,
एक मिट्टी के सब बने, तेरी मिट्टी क्यों अलग है,
सबका ख़ून लाल है तो तेरा ख़ून सफेद क्यों है,
कैसे इतने ज़ालिम हो, तुझे कुछ समझ न आए,
तेरे जैसे को संसार के हर कोने से हटाया जाए,
जो दर्द तुम देते हो, वही दर्द तुझे भी दिया जाए,
तुझे उसी असहनीय दर्द से छलनी किया जाए,
ज़हर को दवा नहीं, ज़रूरत है कुछ करने की,
ज़हर को ज़हर से काटो, बात न बनेगी सीधे से,
मैं तो कोमल थी, नरभक्षियों ने मांस समझ लिया,
मेरी पवित्रता को बेरहमी से तार-तार कर दिया।

नारी का सम्मान

हर घर से ऐसा संस्कार मिले,
हर घर में नारी को मान मिले,
जब अपने घर में नारी का मान दिखे,
तब वही संस्कार सब बच्चों में ढले,
अपने घर से शुरुआत करो,
नारी का मान-सम्मान करो,
जो सदियों से चली आ रही परंपरा,
बदल डालो तुम कुंठित मानसिकता,
स्त्रियों को सदा हीन समझते रहे,
पढ़ लिखकर कुछ करो अच्छा,
एक निवेदन है सरकार से हम सबका,
पापियों की सज़ा का मापदंड हो ऐसा,
कठोर दंड का हो प्रावधान,
पापियों की आत्मा काँप जाए,
जब वह ऐसी दरिंदगी में आगे बढ़े,
कठोर दंड उन्हें हैवानियत से रोके,
बस अब और नहीं सहा जाता,
हमसे और नहीं सुना जाता,
आहत हृदय हो रहा है हर पल बेसुकूं
बेटियों को नरसंहार से बचाओ कानून,
हर बेटी की यही है गुहार,
हमारी सुरक्षा करो सरकार,
हमको स्वतंत्र जीने का अधिकार मिले,
पंख फैलाकर उड़ने की आज़ादी मिले।

अभिषेक नागर "सहज"

शिक्षाः स्नात्तकोत्तर

पताः वार्ड 04 छापीहेड़ा जिला राजगढ़ मध्य प्रदेश

मोबाइल नंः 9752450547

शस्त्र उठा अपने हाथों में

आखिर कब तक तुझको नारी,
अबला बनकर रहना है।
शस्त्र उठा अपने हाथों में,
बस सबका यह कहना हैं।

गया जमाना जब नारी को,
था देवी रूप दिया जाता।
नारी का सम्मान सदा हीं,
भारत में था किया जाता।

पर अब हर नर के दिल में,
नारी तू पुजित नहीं रही।
भोग विलास में लिप्त हुए सब,
नजरें मर्यादित नहीं रही।

काम वासना है बस नजरों मै,
जो तेरा हीं शोषण करती।
इसी वासना के चक्कर में,

न किसी बात से हें डरती।

देख अकेला तुझको नारी,
तुझ पर भारी पढ़ जाते है।
तू गर बन जाती बेचारी,
वह तेरा सर्वस्व लुटाते हैं।

खूब पढ़ाई करना नारी,
पर शस्त्र भी थोड़े पढ़ लेना।
कोई सामने गर आजाये,
डट कर उससे लड़ लेना।

शस्त्र उठाना अब तू नारी,
अब कोई काम न आएगा।
अपनी लड़ाई खुद से लड़ना,
न कोई तुझे बचायेगा।

युद्ध के कौशल सीख के नारी,
तू बनना लक्ष्मी बाई है।
अंग्रेजो की पुरी सेना को,
थी जिसने धूल चटाई है।

बहुत हुआ हैं शोषण नारी,
अब तों सबला बनना हैं।
काम कोई हों कैसे भी,
खुद के दम पर करना हैं।

साहस के प्रतिमान चूम कर,
कुछ नया तुझे कर जाना है।
अबला से साबला बनकर,
अपना सम्मान पाना है।

अब हों चाहे कोई सामने,
तू रण चंडी बन जाना।
शीश काट कर हैवानो का,
नारी का सम्मान बचाना।

करने लगेगी जब ऐसा नारी,
कोई आँख देख न पायेगी।
स्वच्छन्द विचरण करेंगी नारी,
न कोई मुसीबत आएगी।

मैं भारत की रफ़्तार हूं

आसमान में उड़ने को,
में भी अब तैयार हूं।
पंख लगा दो मुझको,
मैं भारत की रफ़्तार हूं।

नित नए काम करू मै,
नहीं किसी पर भार हूं।
पंख लगा दो मुझको,
मैं भारत की रफ़्तार हूं।

नव निर्माण मैं लगी हुई हूं,
शिक्षा देने में होशियार हूं।
पंख लगा दो मुझको,
मैं भारत की रफ़्तार हूं।

देश के खातिर सीमा की,
रक्षा को तैयार हूं।
पंख लगा दो मुझको,
मैं भारत की रफ़्तार हूं।

हों महामारी देश में कोई,
मैं करती उस पर वार हूं।
पंख लगा दो मुझको,
मैं भारत की रफ़्तार हूं।

देश में हो खुश हाली,
मैं बन कर बैठी ढाल हूं।
पंख लगा दो मुझको,
मैं भारत की रफ़्तार हूं।

धरती से चंदा पर जाती,
भारत का स्वाभिमान हूं।
पंख लगा दो मुझको,
मैं भारत की रफ़्तार हूं।

राजनीति में हाथ जमा,
सबका करती कल्याण हूं।
पंख लगा दो मुझको,
मैं भारत की रफ़्तार हूं।

औद्योगिक क्रांति से लड़,
देश को करती निहाल हूं।
पंख लगा दो मुझको,
मैं भारत की रफ़्तार हूं।

काम कोई भी मुझको देदो,
मैं करने को तैयार हूं।
पंख लगा दो मुझको,
मैं भारत की रफ़्तार हूं।

परिनीता कौशिक

शिक्षा - बी . ए मनोविज्ञान

हिन्दी साहित्य में रुचि

कविता , कहानी , आलेख लिखने में sअत्यधिक रुचि।

नारी सशक्तिकरण

नारी संसार की वो अद्भुत रचना है जिसके बिना सृष्टि की कल्पना हो ही नही सकती है नारी प्रकृति के सुंदर स्वरूप का जीता जागता उदाहरण है।

प्रकृति सी धूप और छाँव लिये
रिश्तों की अद्भुत बहारें लिये
अर्द्धांगिनी, माँ, बेटी बहन
स्वरूपा बन,
रिश्तों के जीवन दर्पण से
हर रिश्ते को महकाती है।
आसमान सा सब्र है उसका
मन समुंद्र सा गहरा है।
अपने संकल्पों से दुनिया बदल दे
हे नारी, ऐसा सौम्य तू चेहरा है।
नारी बन, रिश्तों की दहलीज़ें
हर मर्यादा निभाती है,
धरती सा बन नारी सदा
हर फ़र्ज का कर्ज़ चुकाती है।
सुख, दुःख को अपना नसीब समझ

जीवन की हर रस्म निभाती है।
ख़ुशियों के पहर हों या ग़म के लम्हे
हर रंग में वो ढल जाती है।
सच में नारी तुम केवल श्रद्धा हो
हर हाल में तुम मुस्काती हो।
हे नारी तुम वंदनीय हो !
नमन तुम्हे मै करती हूँ
बन दुर्गा काली सरस्वती,
जग के संताप तुम हरती हो।
इस धरती का स्वर्ग हो तुम
तुम हो तो हर दिन पर्व समाँ
हो ख़ुशियों की तुम जन्नत सी
हो ख़ुशियों का तुम आसमां
हो ख़ुशियों का तुम असमाँ !

संदीप छीपा दौसा

राजस्थान

बेटियो को सुरक्षा की गारंटी देना सरकार का नहीं समाज और हम सभी की जिम्मेदारी होनी चाहिए

प्रिय सर्व समाज बंधुओ आजकल महिलाओं के प्रति हिंसक घटनाएं बहुत हो रही हैं इस पर लगाम लगाने की सख्त आवश्यकता है। कौन सुरक्षित है यहां?

क्यों बोल रहे हैं बेटी पढ़ाओ बेटी बचाओ, जब वो चार- दिवारी में सुरक्षित नहीं। घर की जिम्मेदारी से बाहर जा रही है तो सुरक्षित नहीं। क्यों पैदा करे हम बेटी? हटा दो कानून ताकि कोई बेटी पैदा ही ना हो। कब तक

यह कांड चलेगा? 6 महीने की मासूम बच्ची से लेकर से 80 साल की बुजुर्ग महिला ही सुरक्षित नहीं। कोई बताए कि क्या औरत होना जुल्म है क्या? क्या करेंगे ऐसी घटनाएं दिन ब दिन बढ़ती ही जा रही है। कोचिंग सेंटर, पीजी, कार्यालय, कहां है हमारा ठिकाना की हम अपने आपको सुरक्षित समझे? परिवार के लोगों को अपने बच्चों पर ध्यान देने की जरूरत है। मां बाप से बच्चे की कोई हरकत नहीं छुपती मगर उनकी आजादी ही ऐसे राक्षस पैदा करती है। बच्चे के हाव भाव बता देते हैं वे कौन से मार्ग व राह पर चल रहा है।

मेरा भारत महान है इसमें दो राय नहीं मगर कुछ खो गया है, कोलकाता पश्चिम बंगाल में सामूहिक बलात्कार के बाद हत्या की गई मेडिकल छात्रा डॉक्टर मोमिता (पीजीटी द्वितीय वर्ष) निसंदेह दुर्भाग्यपूर्ण ही नही अपितु भारतीय समाज की विक्षिप्त मानसिकता का परिचायक होती जा रही है। इसके निवारण के लिए सरकार मात्र ही नही अपितु हर

जिम्मेदार नागरिक को जागरूकता के साथ साथ संस्कार, सभ्यता और मूल शिक्षा पर जोर देना अनिवार्य है। निर्भया या मोमिता जेसे उदाहरण भारतीय संस्कृति को शर्मसार करते हैं। इस प्रकार की घटनाएं लगातार हो रही हैं और हाल ही में उत्तराखंड में भी हुई है। ऐसी सामाजिक कृतियों पर मिलकर ही लगाम लगाई जा सकती है। कहते हैं कि हमारा देश आजाद है।

ऐसी आजादी किस काम की जब भारत माता की बेटियां ही सुरक्षित नहीं है? रुह कांप गई ऐसी घटना सुनकर। मन में अजीब सा डर बैठ गया है। जो हिम्मत थी वह टूटती हुई सी दिखाई दे रही है। हम कहते हैं मेरा भारत महान है लेकिन यह कैसी महानता है? जहां घर परिवार की बेटी बहू सुरक्षित नहीं?

बेटियों के रक्षक हेतु हम सभी को आगे आना होगा और उनकी सुरक्षा का संकल्प लेना होगा। बेटी होगी तभी तो परिवार चलेंगे। बेटी परिवार की शान होती है। जिस घर में बेटी का जन्म होता है उसे लक्ष्मी माना जाता है। सोच आपकी, सुरक्षा की गारंटी भी आपकी होनी चाहिए। आओ सब मिलकर बेटियों की सुरक्षा हेतु स्वयं की सोच को मजबूत और समर्पित करें।

(लेखक के निजी विचार हैं)

नीता शर्मा

जन्म स्थान : दिल्ली

दिल्ली विश्वविद्यालय से स्नातकोत्तर शिक्षा पूर्ण की है।

नेशनल कैडेट कोर में "बेस्ट कैडेट " पुरस्कार प्राप्त है।

प्यार की कीमत

पंक्ति उठ बेटा कॉलेज नहीं जाना क्या? पंक्ति अलसाई सी उठी ....ओ.... माँ ....आज तो कॉलेज का पहला दिन है। झटपट नहा धो तैयार होकर कॉलेज के लिए निकल पड़ी। पंक्ति नाश्ता तो कर ले बेटा ... अरे माँ आप चिंता न करो.......मैं कैंटीन में खा लूँगी ....ठीक है... अपना ध्यान रखना। जितना प्यारा नाम वैसा ही शालीनता पूर्ण स्वभाव जीवन में कुछ कर गुजरने को तत्पर है।

मध्यमवर्गीय परिवार की साधारण सी लड़की पंक्ति..... पिता अनुशासन प्रिय.... एक प्राइवेट फॉर्म में कार्यरत अपनी दोनों बेटियों पर उन्हें गर्व है। पंक्ति बी कॉम द्वितीय वर्ष की छात्रा है। परीक्षा परिणाम के पश्चात कॉलेज का प्रथम दिवस है। कॉलेज में न्यू एडमिशन भी हो रहे हैं। वहाँ पंक्ति की मुलाकात प्रणय से हुई। बातचीत के दौरान पता चला कि वह मेरठ से दिल्ली पढ़ने के लिए आया है बीएससी का छात्र है। "गौर वर्ण सभ्य और साधारण व्यक्तित्व एक ही मुलाकात में है पंक्ति उसकी और आकर्षित हो गई " उसकी बातों में ऐसा जादू की बस पंक्ति उसकी गहरी नीली आंखों में डूबती चली गई। तभी करुणा ने चुटकी लेते हुए....... पंक्ति मैडम होश में आओ। पंक्ति "तपाक "से बोली ....क्यूं तुझे चिढ़ हो रही है। मदं मुस्कुराहट उसके चेहरे पर फैल गई। दोनों के बीच कैंटीन में बैठकर काफी समय तक बातचीत हुई।

बहुत ही कम समय में दोनों की मित्रता प्रगाढ़ हो गई। नित्य प्रति दोनों का मिलना जुलना आरंभ हुआ। हालात अब संगीन हो चले एक दूसरे के बिना चैन नहीं मिलता। फोन पर भी काफी लंबे समय तक बातचीत होती। सुहाने स्वप्न उड़ान भरने लगे "मन सावन के मयूर"

की भांति नृत्य करने लगा। अब तो क्लास बंक करके भी मुलाकात होने लगी।

कुछ समय से पंक्ति की मां (निधि) इस परिवर्तन को महसूस कर रही थी। उन्होंने पंक्ति से पूछा.... बेटी क्या बात है? आजकल तुम इतनी सुबह निकल जाती हो और शाम को भी कुछ देर से ही आती हो। उसकी आंखों की चमक और चेहरे की दमक दोनों ही कुछ और कहानी बयाँ कर रही थी। तुरंत स्वयं को संभाल मां के वाक्य को काटते हुए पंक्ति ने कहा .... आप भी ना .....आजकल एक्स्ट्रा क्लास चल रही है इसलिए देर हो जाती है बाकी कुछ नहीं तुम चिंता मत करो।

कुछ समय और व्यतीत हुआ। अब तो पंक्ति के व्यवहार में भी कुछ बदलाव सा नजर आने लगा। घर आने पर भी वह अधिकांश समय अपने कमरे में ही बिताती। छोटी बहन शानू ने कई बार उसे रात-रात भर फोन पर बातें करते सुना ...... उस दिन तो सब्र का बांध टूट गया शानू पढ़ रही थी कल से उसकी परीक्षा आरंभ होने वाली थी। वह सुस्ताने के लिए अपनी कुर्सी से उठी और बाहर बालकनी में गई तो उसने देखा पंक्ति फोन पर बातें कर रही है रात के तकरीबन 12:00 बजे हैं। उसने पूछा .....दीदी किस बातें कर रही हो पंक्ति ने कहा अरे ....कुछ नहीं एक दोस्त है। शानू ने कहा... ऐसा कौन सा दोस्त है जो रात के 12:00 बजे फोन कर रहा है। काफी दिनों से मैं आप में कुछ बदलाव महसूस कर रही हूँ। "जो स्वयं अनुशासन प्रिय है वह कैसे नियमों का उल्लंघन कर सकती है।" शानू ने आग्रहपूर्वक पूछा.... बताओ तो सही दीदी कौन सा दोस्त है। पंक्ति ने बात टालते हुए कहा .... तू सो जा कल तेरी परीक्षा है। शानू बडबडाते हुए अपने बिस्तर पर चली गई। करवटें बदलती रही पर उसकी आंखों में नींद कहाँ बेचैनी मैं ही रात कटी।

उसने यह सब बातें मां को बताना उचित समझा। सुबह उठते ही मां .....मां ...... मुझे आपसे कुछ बात करनी है। अरे...... सुबह-सुबह क्या बात करनी है तुझे? अभी मुझे बहुत से काम करने हैं। प्लीज ......प्लीज .....मां सिर्फ 2 मिनट ....ठीक है जल्दी बता क्या बात है? आपको पता है दीदी देर रात तक किसी लड़के से फोन पर बात करती है। पता नहीं किससे? मां हैरान परेशान..... नहीं......नहीं बावरी हो गई है क्या? बिना सोचे समझे कुछ भी बोलती रहती है। अपनी पंक्ति बहुत समझदार है जरूर तुझे गलतफहमी हुई है। पंक्ति और किसी लड़के से .....ऐसा हो ही नहीं सकता। एक बार तो मां को भी झटका लगा। अगर

कुछ होगा तो मुझे जरुर बताएगी। शानू ने कहा... मैंने आपको सचेत कर दिया। अब आगे आपकी मर्जी जैसा उचित समझो .... अच्छा ठीक है....... मैं पंक्ति से बात करती हूँ....... पर ये क्या पंक्ति तैयार होकर निकली तो माँ ने कहा बेटा ....आज इतनी जल्दी कॉलेज जा रही हो क्या बात है कुछ नहीं आज थोड़ा जल्दी जाना है पंक्ति ने अपना बैग उठाया और दरवाजे की तरफ बढ़ चली।

मां को उससे बात करने का मौका ही नहीं मिला और जब शाम को आई तो बस खाना खाया और अपने कमरे में चली गई उस रात पंक्ति ने किसी से कोई बात नहीं की ... किंतु चिंतित अवश्य लग रही थी। माँ कुछ पूछती इससे पहले उसने दरवाजा बंद कर लिया। मां ने सोचा थक गई होगी चलो आराम करने देती हूँ परंतु इससे पहले उसका ऐसा रवैया कभी न था। हँसते मुस्कुराते मुखड़े की आभा कुछ क्षीण लग रही थी। पंक्ति जब सुबह कॉलेज जाने को तैयार हो रही थी उसने माँ से कहा..... आज मैं अपनी सहेली के घर जाऊंगी और हाँ.... रात में देर हुई तो उसी के यहाँ रुक जाऊँगी। पंक्ति ये क्या बात हुई.... सहमति मांग रही हो ....या अपना फैसला सुना रही हो। मैं कुछ समझ नहीं पा रही हूं। अरे माँ बार-बार एक ही सवाल ...... ऐसी बात नहीं बेटा .... तेरे पापा को भी बताना होगा उनसे पूछ लेती तो अच्छा होता। मां अब छोटी सी बात के लिए सबसे पूछना आवश्यक है ....तुम्हें बता दिया बस.... अरे पर कौन सी सहेली.... कहाँ रहती है... खबर तो होनी चाहिए ....हमें कम से कम पता तो चले.... मेरी कॉलेज की सहेली है क्या आपको मुझ पर विश्वास नहीं? न जाने क्यों आज पंक्ति की बातें माँ को अजीब सी लग रही हैं।

मन में कुछ घबराहट कभी एक रात किसी रिश्तेदार के घर अकेली ना रही अचानक इसे क्या हो गया? अनमने से ठीक है.... पहुँच कर फोन कर देना। पंक्ति ने घर की चौखट लांघते हुए एक बार पीछे मुड़कर देखा और फिर झट से निकल गई। जाने के बाद उसका कोई फोन नहीं आया। माँ ने शानू से फोन कराया स्विच ऑफ कई बार ट्राई किया फोन नहीं लगा सोचा चलो नेटवर्क नहीं होगा सुबह फिर फोन लगाया अब तो माँ का जी घबराने लगा। पापा को बताया सुनकर अखिलेश जी को गुस्सा तो बहुत आया फिर होश से काम लिया। सबसे पहले कॉलेज पहुँचे वहाँ पता चला है पंक्ति कई दिन से कॉलेज ही नहीं आई। घर से कॉलेज का कहकर कहाँ चली गई। पूछताछ करने पर पता चला कि प्रणय नाम के किसी

लड़के के साथ उसका मिलना जुलना या यूँ कहें की पूरे कॉलेज में प्रेमी जोड़े के चर्चे हीर रांझा का सा अंतरंग प्रेम.....एक दूसरे के लिए मर मिटने को तैयार.... ये सब सुन पापा के माथे पर पसीना और आँखों में आँसू छलकने को उतावले फिर भी उन्होंने कड़वा घूँट पी अपना खोते हुए हैं मामले की तह पहुँचने का प्रयास किया।

इतना सब कुछ चल रहा था और हम इसका भान भी न था। उन्होंने समय न गंवाते हुए पुलिस में रिपोर्ट दर्ज कराई एक सप्ताह पर्यंत पता चला की पंक्ति को किसी गैंग के हाथों भेज दिया गया है। घर में तो मातम सा छा गया माँ पापा बार-बार बेटी की फोटो देख रो कर पूछ रहे थे बेटी तुम्हारे पालन पोषण में ऐसी क्या कमी रह गई थी जो तुम इस तरह से हम सबको छोड़ कर चली गई। एक बार भी तुम्हें हमारा ख्याल नहीं आया तुम्हारी नादानी से सभी को कितना आघात लगा है। मेरा तो दिल बैठा जा रहा है। तुम्हें कहां ढूंढे..... अपनी जिंदगी को किस मुसीबत में डाल लिया है।

ऐसे बुरे बुरे ख्याल माँ पापा के मन में आ रहे थे। आजकल किसी का कोई भरोसा नहीं कोई भी दुश्मनी निकाल सकता है। अखबारों में टीवी पर सब जगह आजकल हृदय विदारक घटनाएँ सुनने को मिलती हैं किसी का रेप .....तो कहीं मर्डर हो गया। हे भगवान..... मेरी बच्ची का ख्याल रखना। तभी फोन की घंटी बजी पापा ने तुरंत फोन कान से लगाया। हेलो..... हेलो .....कौन ...मैं इंस्पेक्टर करण बोल रहा हूँ हमने लड़कियाँ सप्लाई करने वाले गैंग को गिरफ्तार कर लिया है। कृपया आप चौकी में चले आएँ। अखिलेश और निधि (मम्मी पापा) तुरंत वहाँ पहुँचे। नकाबपोश लड़कियों में से एक लड़की दौड़कर आई और उनसे लिपटकर रोती हुई..... पापा मुझे माफ कर दीजिए मैंने आपसे बहुत कुछ छुपाया है अगर मैं आपको सच बता देती तो शायद अपनी इज्जत बचा पाती और ऐसे शैतानों के हाथों रोंदीं न जाती। पापा......पापा .....मैं मर जाना चाहती हूँ.... मैंने आपको बहुत दुःख दिया है। मेरी गलती माफी के काबिल नहीं....... पंक्ति रोती बिलखती...... जमीन पर गिर पड़ी और अपने आप को कोस रही है। क्यों मैं बिन सोचे -समझे उसके प्यार में इतनी बावरी हो उसके घिनौने इरादों से अनजान रही अपने परिवार को भी गहन अंधकार कूप मे धकेल दिया। मुझे जरा भी उसके इरादों का आभास होता है तो मैं उससे कोई संबंध न रखती। पापा..... प्लीज ...... मुझे माफ कर दीजिए।

बेपनाह प्यार करने वाला ही हैवानियत का शिकार बना ले तो... विश्वास किस पर किया जाए....प्यार करने की इतनी बड़ी कीमत मुझे चुकानी पड़ी।

"क्या एक औरत की जिंदगी इतनी सस्ती है ? या फिर यूँ कहें कि उसके जीवन को छलने के लिए पग- पग पर ऐसे शैतान बैठे हैं जो उसकी आत्मा को रौंद तार तार रक्तरंजित देह से अपनी प्यास बुझाने के लिए भूखे भेड़िए की भांति सदैव घात लगाए रहते हैं। " ऐसे दरिंदों को बीच चौराहे पर फाँसी पर लटका देना चाहिए। जिससे कोई भी दोबारा ये कुकृत्य करने का दुस्साहस न कर सके।

सरल कुमार वर्मा

6/2 बंधूहार

उत्तर प्रदेश

संपर्क - 9695164945

न होती माँ अगर...

न होती माँ अगर तो ये जहाँ भी कहाँ होता।
इंसा तो इंसा भगवान भी कहाँ होता।।

वीरान सी कुदरत होती न कोई मकाँ होता।
तुलसी का पौधा भी आँगन में कहाँ होता।

बंजर होती ये धरती सूना आसमाँ होता
न फूटता अंकुर तो बचपन कैसे जवा होता

अबोध किलकारियों संग जागता रात कौन
निस्वार्थ प्यार से महरूम ये जहाँ होता।

आँचल की छाँव बिना संगदिल जमाने में
शिवाजी भगतसिंह सा किरदार कहाँ होता।

बन तो जाते मन्दिर- मस्जिद चर्च गुरुद्वारे
दुनिया को मगर हासिल खुदा कहाँ होता

जिंदगी की अनजान स्याह राहों में
हाथ दुआओं वाला सिर पर कहाँ होता

नदिया पेड़ पहाड़ गगन धरती को "सरल"
पूछता कौन जो माँ ने दुआएँ न माँगा होता।

मीरा जगनानी

अहमदाबाद

फांसी

कुछ नहीं कहना
चुप रहना है
पर कब तक चुप रहना है।
एक और चुप हो गई
सदा के लिए
अग्नि में बैठ कर
इस जहां से
चुपचाप चली गई।
कम से कम
गुनहगारों के नाम
अपने जिस्म से बहते लहू से
तुम लिख तो देती
अरे हां, तेरा टूटा हाथ
भला क्या लिख सकता था
लहू दिखना भी तो चाहिए
फूटी आंख भला क्या देखेगी
कांच चुभा रह गया था
तेरी आंखों में

तूं चूप क्यों थी
चिल्ला कर आहट तो देती
लोग आ जाते
तुम्हें राक्षस के घेरे से
बाहर करने
अरे, मैं भी क्या कह गई
तेरे होठ जख्मों से
सिल दिए गए थे
गलत तो नहीं है ये
तूं चूप ही सही थी शायद
और ज्यादा तूं बोलती
तेरा दूसरा पैर भी
नबे डिग्री ऐंग्लस पर
तोड़ दिया जाता
शायद उसकी हैवानियत
झेलने के पहले ही
तूं चुप हो गई थी
हरदम के लिए
देखो तेरी चुप्पी पर
अब कौन बोलता है।
बोलेगा बोलेगा
जन जन बोलेगा।
तूं चिता पर चढ़ी
वो फांसी पर चढ़ेगा।
वो फांसी पर चढ़ेगा
पर तुम तो चुप ही हो गई।

बचाओ नारी - भक्षी से

देखो ना सखी
मेरे देश की हालत
एक बलात्कार पर लोग
सड़कों पर उतर आए हैं
उसे न्याय दिलाने
सड़क पर सबको देखकर
कितने नर-भक्षी निश्चिंत होकर
अपने घरों में घुस गए हैं
बेचारा घर मुख भींचकर
सुबक रहा होगा
उसकी मां- बहन
किस पाशविकता किस क्रूरता
किस हैवानियत का शिकार हो रही होगी
किसी को पता भी नहीं लगेगा
आज की रात तीन से चार बजे
इस घर में क्या हुआ था।
मां भी चुप बहन भी खामोश
वे खुद नहीं जानतीं
उन्हें किसकी इज्जत बचानी है
खुद की या
उस घर में बसे
नारी -भक्षी रिश्ते की।

सीमा शर्मा 'अंशु'

जन्मस्थान- हिसार, (हरियाणा)

स्थाई पता- 861, सेक्टर 13, हिसार हरियाणा।

फोन नंबर -9416070848

खून से लथपथ लड़की

पड़ी थी खून से लथपथ, मरी लड़की किसी की थी।
बसी थी जान उसमें ही, उसी का दाह करवाया।।

बने हैं जानवर कैसे, बदन को नोच है डाला।
कली थी जो अभी महकी, सनी है खून से काया।।

पुकारा नाम अपनों का, निराशा हाथ आयी थी।
धरा पर लोग कितने है, किसी को पास नहिँ पाया।।

मिला क्या जान को ले कर, किसी की गोद सूनी की।
पिता की आस टूटी है, घना अंधेर अब छाया।।

भयानक रात वो कैसी, लुटी थी लाज जब उसकी।
नजारा मौत का देखा, पड़ा यमराज का साया।।

बिलख कर मात रोती है, कभी तस्वीर है देखे।
कभी बेहोश होती है, सितम कैसा खुदा ढाया।।

रिसे था खून जख्मों से, पड़ा था गात भी घायल।
नहीं चीखें सुनी उसकी,समा भी क्रूर था आया।।

दिया हर आँख में आँसू, सहम उठता जहाँ सारा।
छिपाए पीर मन हर जन, फिरे लाचार खिसियाया।।

करी है पार हर सीमा, जलालत का नजारा था।
तमाचा मौत है उसकी,जमाना देख गर पाया।।

दस मिनट

वो दस मिनट हो जातें हैं
जीवन भर भारी,
किसी लड़की को लगता
है अब सब हारी।
कर दे बेबस जब कोई
बलात्कारी,
सूझे ना उसे कुछ जाती
है मति मारी।
कहानी बन जाती उसकी
लाचारी,
और छूट जाते कितने की
व्याभीचारी।
कानून की देवी की आँखे
तो अंधियारी,
न्याय पाने को फिरे दर दर
वो मारी मारी।
काश हर जहन बन जाए
सत्कारी,
काबू रहे बुद्धि न रहें हवस
के पुजारी।
बर्बाद नहीं होगी फिर कोई
कुँवारी,
दस मिनट जीवन के फिर
ना होंगे भारी।

करार

जाने कैसे करार ये दुनिया पा
जाती है,
कहीं लुटती है बिलकिस तो
अंकिता मर जाती है,
समझे कौन की तबाह ज़िंदगी
हो जाती है,
अय्याशों पर नकेल ना कसी
जाती है,
हिम्मत उनकी तभी तो बढ़
जाती है,
एक हादसा समझ दुनिया तो
भूल जाती है,
करार छिनता किसी का जब
अस्मत लुट जाती है,
कहानी बर्बादियों की शुरू हो
जाती है,
दुनियां मोमबत्तियां जला फ़र्ज़
अपना निभाती है,
सियासत कुछ दिनों के लिए तो
गर्म हो जाती है,
फिर से दामिनी कोई हवस की
आग में जल जाती है,
ये आग ना बुझेगी शायद ये तो
ओर दहकती जाती है,

थोड़ी सी हमदर्दी जता दुनियां
चैन से सो जाती है,
ये बहरी दुनिया बात अपने पर
आये तभी चिल्लाती है,
बेटी किसी ओर की क्यों अपनी
सी नज़र ना आती है,
बद्दुआओं से डरो जो अर्श चीर
कर सज़ा दे जाती है,
करनी अपनी हर हाल में आगे
आ जाती है।

डॉ. शबनम आलम

अलीगढ़, उत्तर प्रदेश

बस! अब और नहीं

उत्पीड़न के दानव का कैसे हो दमन
जो सुरसा के मुंह की तरह
बढ़ता ही जा रहा है
इसकी जघन्यता तांडव मचा रखी है
कहां जाएं स्त्रियां कहां छिप जाएं
कहां से लाएं अपने लिए सुरक्षित जमीन
जहां किसी डर-भय के जी सके अपना जीवन
कहां वो सुरक्षित है
घर में, परिवार में, रिश्तेदारों में
ऑफिस में, स्कूल में, कॉलेज में,
हॉस्टल में, हॉस्पिटल में, खेत-खलिहानों में
धार्मिक स्थलों में या न्यायिक सुरक्षा गाहों में
ऑटो में, कार में, बस में, ट्रेन में कहीं भी तो नहीं!
हर सोलह मिनट में अरूणा, निर्भया, इमराना,
दामिनी, सौम्या, आसिफा मनिषा, अंजना, मोमिता
शिकार हो रही हैं इस क्रूर जघन्यता की!
विडंबना यह है कि ये दानव, शरीफ आदमी बन
हमारे बीच रहते हैं और हम बिल्कुल पहचान नहीं पाते कि

कब वह जिस्म के भूखे भेड़िए बन जातें हैं
तब इंसान क्या, भगवान भी शर्मशार होते होंगे
वो भी सोचते होंगे
हमने तो इंसान बनाया था, हैवान कब हो गया?
अब तो उम्र की भी सीमा नहीं रह गई है
सत्तर साल की महिला हो या
चार महीने की दूध पीती बच्ची
किसी को भी नहीं बख्शतें, ये दरिंदें
अब तो जिंदा भी नहीं छोड़ते
ताकि अपने हक़ के लिए लड़ सके
सख्त कानून और सुरक्षा का दंभ भरने वाले
मुंह बाए तमाशा देखते रहते हैं
आख़िर कब तक स्त्रियां
इनके भूख का कलेवर बनती रहेंगी?
बस! अब और नहीं
वक्त आ गया है, स्त्रियों को
काली और दुर्गा बन, अपने हाथों से
इन दैत्यों का संहार करें,
चाहे उनके सामने, अपना ही क्यों न हो
उन्हें अब बताना होगा
बलात्कार सिर्फ बलात्कार होता है और
उसका आरोपी अक्षम्य!

अमृत महोत्सव

सन् 2023
अमृत महोत्सव काल
एक नया इतिहास रचा है।
मणिपुर के लालों ने
नारियों को निर्वस्त्र कर
अमृत महोत्सव का जश्न मनाया है।
युगों से देश की परम्परा रही है,
हर युद्ध का फैसला
नारियों के शरीर पर हुईं हैं।
एक बार मानवता
तब शर्मशार हुईं थीं
जब द्रोपदी का चीरहरण हुआ था,
पर उस समय कृष्ण ने
रख ली थी मानवता की लाज।
पर इस बार न सिर्फ
मानवता शर्मशार हुईं हैं
बल्कि पूरी सृष्टि को
नंगा किया गया,
क्योंकि,
इस बार एक द्रोपदी नहीं,
कईं द्रोपदी को हजारों की भीड़ ने नंगा किया है।
पर इस बार कोई कृष्ण नहीं आएं,
इन द्रोपदी की लाज बचाने
क्योंकि,

कृष्ण को भी पता है,
यह उन्मादी भीड़ धर्मांध हो गई हैं।
धिक ! तू नर
कितना कायर है।
तेरे बाहुबल में इतनी ताकत नहीं कि
तू आपस में लड़कर
जीत-हार का फैसला कर लें।
तुम जीत-हार का फैसला करते हो
बेबस नारियों के शरीर पर।
तुम नर नहीं पिशाच हो।
तुम क्या समझते हो,
तुम्हारी मां, बहनें, पत्नी या बेटियां
तुम्हारे कारनामे से खुश होते होंगे ?
नहीं ! वो तुमसे डर के
कुछ नहीं बोलतीं
वो तुम्हें दिल से धिक्कारतीं हैं।
धिक ! तू नर कितना कायर है।

आगाज़

मैंने शुरू की है
अपनी एक नई जिंदगी
अब तक बोलती रही
मिला कुछ भी नहीं
बिना किसी गलती के
कसूरवार ठहरती रही
अब मैं सिर्फ़ ख़ामोशी से सुनती हूँ
बोलती बिल्कुल नहीं
देखती हूँ, अब इस नए सफ़र का आगाज़
देता है कैसा अंजाम

तौहीन

किसने कहा,
अब मैं मुहब्बत करती नहीं
मुहब्बत तो आज भी
करती हूं तुमसे
फर्क बस इतना है
पहले जुबां और आँखे
चुगलियां कर जाती थीं
पर आज कहीं दूर
खामोशियों में खो गई हैं
क्योंकि इजहारे - मुहब्बत को
अपनी तौहीन बर्दाश्त नहीं।।

Alisha

Age- 17 yrs old
State- Punjab
City- Patiala

Afraid

She walks alone, afraid in the dark
A puppet of rules, her voice a spark.
But still she stands, a light in the night
Her spirit fierce, a heart alight.

Since childhood, she's faced judgmental eyes
Told to behave, told to compromise.
Her dreams and desires, suppressed and denied.
A lifetime of stereotypes, she's forced to hide.

Her body bears scars, wounds of pain.
From catcalls to assault, she's faced the shame.

The night streets are a hunting ground.
Where predators lurk,
and rapes are committed without a sound.
She's told to be quiet,
to conform and obey.

But she refuses to be silenced, come what may.

She faces discrimination, in every single way.
But still she rises, night and day.

The darkness hides the faces of the guilty.
But she won't be shamed,
she won't be silly.
She'll rise up, and demand justice be done.
For every rape, every violation, every scar that's been won.

Let's break the silence, shatter the shame.
Empower the survivors, let their voices proclaim.

Every woman's a warrior, strong and true.
Together we rise, a light shining through.

From childhood to grave, she faces the fight.
Against gender roles, and endless night.

But still she stands, a beacon of hope.
A symbol of strength, a heart that copes

अनिल शर्मा

एच. एन. 752/3

ब्रह्मपुरी, मेरठ यू पी

नारी शक्ति

नारी हो शक्ति तुम,पहचान है क्या तुम्हें?
देखो न,यह शक्ति हाथ में ही तुम रखना
शक्ति पर ताकत में बदले ना, ध्यान रखना
ताकत जो सत्ता है,पहचान है क्या तुम्हें?

नारी हो शक्ति तुम,पहचान है क्या तुम्हें?
नारी तुम धरा हो, हाँ कितना तुम सहती हो
धरा से क्या कम है,जितना तुम सहती हो
पर क्यों सहतीं अन्याय तुम? भान है क्या तुम्हें?

नारी हो धरा तुम,पहचान है क्या तुम्हें?
देवी हो जाती हो तुम,होती महिमामंडित
इंसानी अधिकारों से हो जाती यूँ वंचित
संघर्ष,आनंद .. पहचान है क्या तुम्हें?

नारी इंसान तुम,पहचान है क्या तुम्हें?
पहनना, ओढ़ना, मर्यादा,नियम तुम बनाओ
नैतिकता के जो भी नियम, नारी तुम बनाओ

देखो अपनी शक्ति ..पहचान है क्या तुम्हें ?

नारी हो शक्ति तुम,पहचान है क्या तुम्हें ?
सीता, गार्गी, मदालसा,अपाला हो तुम
सच है, पर रही लंबे समय निरक्षर क्यों तुम ?
जगी नही बहुत दिनों,पहचान है क्या तुम्हें ?
तुम अब तो बस जागो,पहचान है क्या तुम्हें।

पद्मा अग्रवाल

जे- 304 पूर्वा फाउंटेन स्क्वायर

मराठाहल्ली ब्रिज

बैंगलोर -560037

भारत में बढ़ते यौन अपराध ......

भारत में य़ौन अपराधों के मामले लगातार बढ रहे हैं। साल 2021 में महिलाओं के खिलाफ 4,28.278 मामले दर्ज हुये थे, जो साल 2022 में बढ कर 4,45, 256 हो गये। इनके अतिरिक्त अनेक मामले दर्ज नहीं किये जाते। साल 2022 में हर घंटे में लगभग 51 एफ.आई. आर. दर्ज हुई और अपराध की दर 66.4 रही। साल 2018 तक हर 15 मिनट में एक बलात्कार एफ. आई. आर. दर्ज किया जाता था। साल 2022 में 31 हजार से ज्यादा बलात्कार के मामले दर्ज किये गये। हालाँकि सख्त कानून के बाद भी बलात्कार के लिये सजा की दर बहुत कम रही है।

साल 2018 से 2022 के बीच यह दर 27- 28 % के बीच उतार चढाव करती रही।

देश में वर्ष 2018 से प्रत्येक वर्ष कार्य स्थल पर यौन उत्पीड़न के 400 से अधिक मामले सामने आये हैं, जहाँ औसतन प्रतिवर्ष 445 मामले दर्ज किये गये। बलात्कार के 86 मामलों में किशोर शामिल थे, जबकि महिला की गरिमा को ठेस पहुँचाने वाले 68 केस दर्ज किये गये।

पूरे देश में कोलकाता में हुये रेप मर्डर केस को लेकर गुस्से की लहर है। देश के अन्य राज्यों से भी इसी तरह दिल दहलाने वाली घटनायें सामने आ रही हैं। हाल ही में महाराष्ट्र के बदलापुर में तो स्कूल में बच्चियों के साथ यौन शोषण का मामला सामने आया है। लगातार बढ़ रहे इस तरह के अपराधों के पीछे कहीं न कहीं पॉर्न साइट्स, ड्रग्स और नशे और अश्लील वेबसिरीज का बहुत बड़ा रोल रहा है। जिसके बाद से देश में फिर से अश्लील कंटेंट को लेकर सवाल उठ रहे हैं।

भारतीय समाज एक पुरुष प्रधान समाज है, जहाँ स्त्री को सदा से दोयम् माना जाता रहा है। आज महिलायें एक तरफ सफलता के नये -नये आयाम गढ रही हैं तो दूसरी तरफ कई महिलायें जघन्य हिंसा और अपराध की शिकार बन रही हैं। उनका अपहरण, बलात्कार और हत्या कर दी जा रही है।

बलात्कार का वीभत्स रूप सामूहिक बलात्कार, जो विकृत, बीमार मानसिकता का द्योतक कह कर हाथ झाड़ लिया जाता है। इसके लिये वर्बर, राक्षसी, अमानुषिक, पाशविक के बजाय कोई नया शब्द ईजाद करना होगा।

यौन उत्पीड़न, छेड़छाड़, अपहरण, बलात्कार की घटनाओं से अखबार के पेज रंगे होते हैं, जिन्हें पढ़कर रूह काँप उठती है। कार्यक्षेत्र में यौन उत्पीड़न, शारीरिक, मानसिक प्रताड़ना, बलात्कार, सामूहिक बलात्कार और हत्या की घटनायें महिला सुरक्षा उपायों की खामियों की पोल खोलती नजर आती हैं। ऐसी घटनायें समाज में महिलाओं की प्रगति के मार्ग में एक बड़ी बाधा है।

राष्ट्रीय अपराध ब्यूरो (एनसीआरबी) की वार्षिक रिपोर्ट से पुष्टि होती है कि सख्त कानून और बढती जागरूकता के बावजूद महिलाओं के प्रति क्रूरता में वृद्धि दर्ज हो रही है। भारत में महिलाओं को अपनी सुरक्षा और सम्मान को लेकर अनेक खतरों का सामना करना करना पड़ रहा है।

बलात्कार का उद्देश्य पीड़ित पर अपनी शक्ति और प्रभुत्व दिखाना है। यौन हिंसा पीड़ित की शारीरिक और मानसिक स्वास्थ्य स्थिति पर अत्यंत खराब असर डालती है, प्रजनन संबंधी स्वास्थ्य समस्याओं का खतरा, डिप्रेशन, आत्महत्या, एचआईवी संक्रमण का खतरा बढ जाता है। यौन हिंसा महिला के लिये जीवन मरण का प्रश्न बन जाती है।

हमारा समाज महिला को ही दोषी मान लेता है। महिला भावनात्मक रूप से टूट जाती है। यौन हिंसा किसी भी उम्र में किसी के भी साथ हो सकती है। यह एक ऐसी हिंसा है, जो माता पिता, देखभाल करने वालों, रिश्तेदारों, परिचितों और अजनबियों के साथ – साथ अंतरंग साझेदारों, अपने खास के द्वारा की जा सकती है। इसमें कोई संदेह नहीं कि जब से महिलाये शिक्षित होकर कार्यक्षेत्र में आगे बढ़ रही हैं, उन्हें इस तरह की हिंसा का सामना करना पड़ रहा है। भारत में यौन हिंसा बहुत संवेदनशील मुद्दा है जब किसी महिला के साथ

बलात्कार या हिंसा की घटना होती है तो हम कभी यह विचार नहीं करते हैं कि हिंसा करने वाले कौन लोग हैं ... और हिंसा का मूल कारण क्या है ... इसे कैसे समाप्त किया जाये ...?

साधारण रूप से हम सभी उस हिंसा या घटना विरोध में आवाज उठाने के स्थान पर अपने घर की बहन बेटियों पर तरह तरह के प्रतिबंध लगा देते हैं, जो स्वयं एक प्रकार की हिंसा ही है। बेटियों के मन में भय उत्पन्न कर देते हैं।

बलात्कार समाज में होने वाला सबसे घिनौना अपराध है। ऐसे अपराधों में आमतौर से अपरिचितों के बजाय परिचित शामिल होते हैं। यह अपराध अचानक नहीं होता वरन् इसे पुरुषों द्वारा प्लान करके किया जाता है। अपराधी अधिकतर छोटी बच्चियों को डरा धमका कर उनका शिकार बनाते हैं या फिर संवेदनशील महिलाओं को शिकार बनाते हैं, जो ना तो इनके खिलाफ आवाज उठा सकती हैं और ना ही सामना करने की हिम्मत कर सकती हैं। कई बार एक समूह के पुरुष, किसी दूसरी जाति के पुरुषों को नीचा दिखाने के लिये या फिर अपनी दुश्मनी का बदला लेने के लिये उनके परिवार की महिला को अपना शिकार बना लेते हैं। उनका बलात्कार करते हैं और परिवार के सदस्यों द्वारा इज्जत जाने के डर से बलात्कार की रिपोर्ट भी नहीं दर्ज करवाते।

अब तो निर्भया कांड के बाद बलात्कार के बाद हत्या कर देते हैं ताकि शिकार कोई गवाही ना दे सके।

महिलायें को कदम – कदम पर पुरुषों के उत्पीड़न का शिकार बनना पड़ता है। उनकी आयु, वेशभूषा, रंग रूप देखे बिना जानबूझ कर टकराना, अश्लील इशारे करना, आदि शामिल हैं। ये शायद ऐसे अपराध हैं जो दिनदहाड़े किये जाते हैं और जिन्हें पुलिस व आम जनता भी अनदेखा कर देती है। महिलाओं के साथ छेड़छाड़ के लिये आम रुख कि "लड़के तो आखिर लड़के हैं" यौन उत्पीड़न करने की हिम्मत भी बढ़ाते हैं। परंतु प्रश्न तो यह है कि ऐसे विकृत सुख का अर्थ ही क्या है ...? महिलाओं पर इसका क्या असर होता है? इस पर कभी कोई विचार नहीं करता।

यौन उत्पीड़न की घटनायें जिस भी परिस्थिति में घटी हों, महिलाओं पर प्रभाव एक सा होता है। महिलाओं के मन में पुरुषवर्ग के प्रति शक, संदेह और डर या भय पैदा हो जाता है। इनके मन में निराशा और डिप्रेशन की भावना भी पैदा हो जाती है। इस तरह के यौन उत्पीड़न

को मनोवैज्ञानिक बलात्कार भी कहा जाता है।

महिलाओं के विरुद्ध हिंसा के मुख्य कारण ....

1-पितृसत्तात्मक मानसिकता

2-पुरुष और महिलाओं के बीच शक्ति और संसाधन का असमान वितरण

3-लैंगिक जागरूकता का अभाव

4-समाज द्वारा लैंगिक अपराधों को मौन सहमति

5-कानूनों का सही से कार्यान्वय न होना

6-लिंग भूमिकाओं से संबंधित रूढियाँ

7- महिलाओं की भूमिका को विवाह और मातृत्व तक सीमित कर देना

अपराधों को रोकने संबंधी चुनौतियाँ---

अनेक कानून और उपायों के बाद भी महिलाओं के विरुद्ध अपराध दिन दूना रात चौगुना बढ रहा है ...

1-न्यायालय में मामलों का लंबे समय तक लंबित रहना।

2-सजा दिये जाने की दर में कमी।

3-समाज और जाँच अधिकारी द्वारा महिला को ही दोषी मान कर अपराधी की नजर से देखना।

4- सरकार द्वारा बनाये कानून, अपराधों की रोकथाम के स्थान पर सजा पर अधिक जोर देते हैं।

महिला सुरक्षा के उपाय ...

1-स्कूलों में मार्शल आर्ट अनिवार्य हो ताकि विषम परिस्थितियों में लड़कियाँ अपने दुश्मन का सामना कर सकें।

2-महिलाओं के विरुद्ध हिंसा रोकने के बनाये कानूनों का सख्ती से पालन किया जाये।

3- सरकार द्वारा सभी स्तरों पर महिलाओं के प्रतिनिधित्व को बढावा दिया जाये।

4-महिलाओं के साथ अपराधों के खिलाफ आवाज उठाने वाली संस्थाओं को मजबूत बनाया जाये।

5-महिला थानों के साथ – साथ महिला पुलिस अधिकारियों की संख्या बढाई जाये।

हेल्पलाइन, फोरेंसिक लैब की स्थापना, सार्वजनिक परिवहन में सीसीटीवी और पैनिक बटन अनिवार्य हो।

6-. समाज की मानसिकता में बदलाव लाने की जरूरत है।

7.- सभी महिलाओं को शिक्षित किया जाये ताकि वे अपने अधिकारों के प्रति जागरुक हों और आत्मनिर्भर बन सकें।

8-पोर्न साइट पूरी तरह से बैन की जायें।

मेरे विचार से मोबाइल डेटा महँगा कर दिया जाये ताकि आसानी से सर्वसुलभ न हो सके।

अश्लील और हॉरर के नाम पर क्रूरता परोसती वेब सिरीज के लिये कड़े नियम बनाये जायें। महिलाओं को मानवीय प्रतिष्ठा के वास्तविक सम्मान के लिये जो लड़ाई लड़नी है, उसके लिये अभी मीलों का सफर तय करना है और इस सफर को हम तभी तय कर पायेंगें जब महिलायें अपने साथ होने वाले अपराधों को सहना छोड़ कर उनके खिलाफ अपनी आवाज बुलंद करेंगीं क्योंकि भारतीय समाज में महिलाओं को बचपन से ही सिर्फ सहना सिखाया जाता है, कहना और बोलना नहीं सिखाया जाता. इसलिये जरूरी है कि महिलायें सबसे पहले अपनी आवाज खुद उठायें, अपनी मशाल का दीप खुद जलायें तथा अपनी गरिमा के साथ कोई समझौता न करें।

इसकी शुरुआत हमें अपने घर परिवार से ही करनी होगी।

यदि आँखें उठा कर तेवर दिखा देतीं, तो परिणाम कुछ और होता
इरादे बुलंद कर रहना शुरू करती, तो परिणाम कुछ और होता।

नन्दलाल मणि त्रिपाठी पीताम्बर

गोरखपुर उत्तर।

वर्तमान की बेटी भविष्य की भविष्य की नारी

बेटी बेटों में ना हो फर्क
शिक्षा दीक्षा प्यार परिवरिश में ना हो अंतर।।
बेटी ही कल की माँ बहन
रिश्तों की अवतारी नव दुर्गा
नौ रूपों की बेटी ही
लक्ष्मी शिवा सरस्वती देवो की शक्ति नारी।।
साहस शक्ति की बेटी
निर्भय निर्भीक निडर शिक्षित बेटी
राष्ट्र समाज युग की निर्माणी नारी।।
बहू बेटी में ना फर्क दहेज़
दानव का बंद हो प्रचलन
अस्तित्व अस्मत की बेटी
मजबूत राष्ट्र समाज की वैभव नारी।।
नारी जत्र पुज्जयते रमन्ते तंत्र
देवता यथार्थ सत्य सत्यार्थ हो
देवो की संस्कार की नारी।।

वर्तमान और खरी-खरी

विकसित होते पल प्रहर
समाज संस्कार पर प्रश्न अनेक आज।।

शिक्षा मर्यादा संस्कार का
आधार आवारा भौरों की
शक्ल में नर भक्षी शैतान आज।।

आवारा भौरों को आकर्षित
करता वर्तमान का परिवेश समाज।।

दुःशासन क्या चीर खिंचेगा
वस्त्र नहीं पूरे तन पे श्रृंगार पाश्चात।।

सुपनखा के कारण हुआ था
राम रावण का भीषण संग्राम।।

सुपनखा अब फैसन है
रावण जैसा भाई नहीं है आज।।

कृष्णा किसकी लाज बचाये
बचा नहीं अब लोक लाज।।
बेटी अस्मत इज़्ज़त नहीं
सुरक्षित घर रिश्तों में आज।।

मर्यादा आये दिन अब टूटती
भय दहसत में बेटी पल पल
घुटती भय मानव गिद्ध और बाज।।

पल पल घुटती मरती घर बाहर
चारो ओर बेटी नहीं सुरक्षित बेटी आज।।

दोष समाज का बेटी बेटो
की हया लाज अब छुटी
बेटी नारी नव दुर्गा अवतारी
दुष्ट दलन की दुर्गा काली।।

बेटी बेटो में हो सभ्यता
की समझदारी नकल
नहीं किसी की अपनी
पहचान की हो बेटी नारी।।

पुरुष समाज में दलित
दासता की ना हो बेटी नारी मारी।।

बेटी की जाती धर्म तो मात्र
शिक्षा सक्षम मजबूत इरादों की बेटी नारी।।

रश्मि 'लहर'

इक्षुपुरी कॉलोनी

लखनऊ -226002

मोबाइल नंबर-9794473806

रोष

सुनो..
मेरे भावों से लिपट रही हैं
छटपटाती टीसें
अभावों की वेदना,
बच्चों की
मासूम पीड़ा की अंतहीन कराहट..
और दहशतगर्द चीखें!
मैं व्यथित हूँ।
कैसे खुश रहूँ
हवाओं में उड़ती
विश्वास की धज्जियाँ देखकर।
अख़बारों की एकांगी चेतना
और सुर्ख़ियाँ देखकर!
तुम कहते हो
हम उन्नति के
सर्वोच्च पायदान पर जा रहे हैं!
पर हम
अपने क़दमों के नीचे

क्या छोड़ कर जा रहे हैं?
ऐसे बचेगा देश?
सभ्यता?
संस्कृति?
कबतक
रौंदी जाएगी अस्मिता
धारदार जूतों से?
कौन रिहाई देगा
घुटती चीखों को?
सुनो!
सुनो..
झूठ के कितने रंग
अपने नारों में घोलोगे?
असंख्य, स्तब्ध आँखों में
घुटते प्रश्नों के उत्तर
तुम कब दोगे?
सुना है तुमने कहा है
तुम सर्वोच्च.. शक्तिमान हो!
तो बताओ न
आख़िर कब तक चलेगा
शोषण का यह कुत्सित खेल?
आख़िर तुम कब कुछ बोलोगे????

वीना उपाध्याय

मुज़फ़्फ़रपुर बिहार

नारी के सस्मित सपने

तीर चोटिल अंतर्मन में
धक धक करता स्पंदन
चिर अधीर तन बदन में
भीनी भीनी महकता चंदन!!
प्रेम में प्रतिबिंबित प्रेम
झरे सुधाररस झर झर
कंठम में स्वर सुरभित
व्याकुल हो ठहरे अधर पर।।
सुर समाहित ढाई अक्षर
छेड़े सरगम प्यार मिलन के
सस्मित सपने मचलकर
छेड़े नाजुक तार मन के!!
प्रेम अभिषेक करने को
आली लिए मद हाला खड़ी
स्नेह सुगन्ध पहनाने को
हार लिए मधु बाला खड़ी!!
प्रणव प्रेम का दीप निरंतर
नीरव निशा में प्रज्वलित
पलक पोर से नमी उतरकर
आहिस्ते हीय में समाहित!!

नारी

हे नारी !
जन-जन की प्रेरणास्रोत बनी तुम,
जड़ -चेतन आनन्द की अभिव्यक्ति तुम !
जीवन स्वर मुखरित होता तेरे अन्दर,
नाना रूप धरे, तूने जीवन के अन्तर !

हे नारी !
अबला बनकर आयी सामने कभी तू,
सबला बनकर भी आयी सामने तू !
कालरात्रि निरूपणी दुर्गा बनकर,
नाना रूप धरे, आयी शक्ति रूपा बनकर।

हे नारी !
आनन्दित होता परिवार अगर हो तुम,
नर भी प्रफुल्लित होता घर जब होती तुम !
नव शिशु को दे, नव जीवन संसार,
विश्व संजोती आंचल में,दे ममता का प्यार !

हे नारी !
तुम कहीं जाती हो पुरूष की अर्द्धांगिनी,
शायद यही कारण है,रण में दिखती मां रानी !
रणचण्डी काली रूप धरा तूने पा अवसर,
करती सदा रक्षा निर्बल की, दुष्टों का संहार !

सीमा गर्ग 'मंजरी'

मौलिक सर्जन

मेरठ कैंट उत्तर प्रदेश।

बेटी की पुकार

टुकड़े-टुकड़े करके तुमने, मार दिया क्यों मुझको बोलो।
जन्म दिया जननी बनकर माँ, कैसे बिष के प्याले घोलो।।
मैं तेरे दिल का टुकड़ा हूँ, क्यों शूल चुभाएं मुझको बोलो।
जन्म दिया जननी बनकर माँ, कैसे बिष के प्याले घोलो।।

जीने का दस्तूर जहाँ में, जो प्राण छीनते पापी है।
दनुज कंस सी अत्याचारी, माँ तेरी रूह न काँपी है।।
कलियुग अत्याचार मिटाने, चक्र सुदर्शन धारी डोलो।
जन्म दिया जननी बनकर माँ, कैसे बिष के प्याले घोलो।।

बेटी के बिन चले न दुनिया, वंश वृद्धि अब कैसे होगी?
पुत्र कुँवारें सबके बैठें, बिन बेटी अब बहू न होगी?
दूरदृष्टि रख अब तो जागो, सुरभित बगिया आँगन बो लो।
जन्म दिया जननी बनकर माँ, कैसे बिष के प्याले घोलो।।

लक्ष्मी दुर्गा मंगल करती, कन्या पूजन सब घर में हो।
शक्ति पुंज है सुता भवानी, माँ कुक्षि से सभी जन्में हो।
लाज नहीं आती क्या तुमको, दया धर्म कर्मों में तोलो।

जन्म दिया जननी बनकर माँ, कैसे बिष के प्याले घोलो।।

आने दो दुनिया में बेटी, तभी बुढ़ापा सुधरेगा।
देखभाल तब करेगी बेटी,बेटा जब मुख मोड़ेगा।।
बेटा-बेटी भेद न करना, लाड़ लड़ाते नयना खोलो।
जन्म दिया जननी बनकर माँ, कैसे बिष के प्याले घोलो।।

जालिम प्रसाद

सहजनवा, गोरखपुर (उ.प्र.) पिन कोड-273209

संपर्क - 8218941044

नारी का अस्तित्व

इस सृष्टि की सरोकार है नारी।
यहाँ आने का आधार है नारी।
मत पूछना नारी का अस्तित्व,
हमारे अस्तित्व का मूल है नारी।

जीवन न्योछावर करती है नारी।
उदास नहीं देखना चाहती है नारी।
नारी का दिल कभी भी न दुखाना,
सोते-जागते दुआएँ देती है नारी।

हर हालात में खुश रहती है नारी।
जरूरत का ध्यान रखती है नारी।
नारी की प्रीत जग में है सर्वोपरि,
इस सृष्टि का मूल आधार है नारी।

परिवार उपलब्धि चाहती है नारी।
हर स्थिति में उन्नति चाहती है नारी।
संपूर्ण सृष्टि है नारी की आभारी,

अनुपस्थिति में राह देखती है नारी।

कुशल हेतु प्रार्थना करती है नारी।
रात-दिन हमेशा जागती है नारी।
वसुंधरा के हर प्रीत पर है भारी,
निश्छल प्रेम हमेशा करती है नारी।

दुनिया में सब से न्यारी है नारी।
दुनिया में सबसे प्यारी है नारी।
नारी बच्चे हेतु इस जहाँ से लड़ेगी,
अपने बच्चों से हमेशा हारी है नारी।

नारी सशक्तिकरण

जब से घर की चारदिवारी से हुई हैं आजाद,
हम भी बहुत कुछ हैं यह सिद्ध कर दिया।
नारी को पर्दे में रखना बहुत बड़ी थी भूल,
आजादी ने नारी को आत्मनिर्भर बना दिया।

नारी सशक्तिकरण संविधान की देन है बड़ी,
महिलाओं ने सर्वोच्च पद प्राप्त कर लिया।
मदर टेरेसा, कल्पना, सानिया या हो चावला,
हम किसी से कम नहीं यह साबित कर दिया।

बेटियाँ अपनी मेहनत से पा रहीं हर मंज़िल,
कानून ने महिलाओं को बंधन मुक्त कर दिया।
महिला स्वतंत्र होकर बन गईं शक्तिशाली,
नारी को जब से संविधान ने सम्मान है दिया।

स्वयं की ताकत को पहचान कर भर रहीं उड़ान,
जब से नारी ने अपना अधिकार जान लिया।
अबला से सबला बनो आप का है अधिकार,
जब से बाबा साहेब भीम ने एहसान है किया।

प्रशासन हो या प्रबंधन कोई क्षेत्र छूटा नहीं,
संविधान ने जब से आत्म-सम्मान है दिया।
पैरों की जूती कहने में नहीं शरमाते लोग,
पंख लगते ही सर्वत्र परचम लहरा दिया।

कभी केवल आंगन की शोभा थी बढ़ाती,
अवसर पाते ही देश की शोभा को बढ़ा दिया।
कभी सीमित थी केवल परिवार तक ही,
अब नौकरी से स्वयं के सपनों को साकार कर लिया।

माला श्रीवास्तव

शिक्षा-एम.एस.सी .बाँटनी,. बी.एड

रुचि-पठन पाठन, लेखन

मन व्यथित

मन व्यथित हृदय है घायल
पायल फिर से सिसकी भरती।
यक्ष प्रश्न खड़ा .....मुँह खोले
क्यों न फिर से धरती फटती?
हुआ करती थी लक्ष्मीबाई
किसने बाँधे हाथ शक्ति के?
देवी रुप में पूजें नौ दिन
सुप्त हुये क्यों भाव भक्ति के,
उसका दोष यही था केवल
दुष्ट की हाँ में न हामी भरती
यक्ष प्रश्न खडा.....मुँह खोले
क्यों न फिर से धरती फटती?
सँस्कार केवल बिटिया को
क्यों न बेटों को समझाया
रोक लगाई कदम कदम पर
बेटों का हर दोष छुपाया,
असुरी कृत्य,इंसान भेष में
क्यों कर माँ भी न समझती

यक्ष प्रश्न खडा..... मुँह खोले
क्यों न फिर से धरती फटती ?
चिडिया सी चहके घर आँगन
कितने कोमल स्वर में बोले
पँख नोंच लेते हैं निर्दयी
सुनी चीख पत्थर भी डोले,
असहाय और बेबस होकर
हर चोट पर आत्मा सिसकी
यक्ष प्रश्न खडा......मुँह खोले
क्यों न फिर से धरती फटती ?
गुहार न्याय की फिरें लगाते
क्यूँ न जिम्मेदारी निभाते
हम सब से ही तो समाज है
इक दूजे को धर्म सिखाते,
समय यही माँगे हम सबसे
गढना नये चरित्र नयी हस्ती
यक्ष प्रश्न खडा......मुँह खोले
क्यों न फिर से धरती फटती ?
आधुनिक हो गये सभी क्यूँ
भूले अपनी नींव पुरानी
बच्चे सँस्कार पायें कहाँ से
नहीं साथ अब दादी नानी
रामायण वेदों की कहानी
नहीं दाईयां बाँचा करती
यक्ष प्रश्न खडा......मुँह खोले
क्यों न फिर से धरती फटती ?

सुदर्शन शर्मा "सुधि'

निवासः दिल्ली

"सुन लड़की"

सुन लड़की ! पहचान स्वयं को,
पी आँसू सागर हो जा।
कलयुग है अब, जी कलयुग में,
या खुद ही द्वापर हो जा।।
नहीं द्रौपदी है तू कोई
और कृष्ण की सखी नहीं।
कापुरुषों ने द्यूत सभा में,
हारी वह सहचरी नहीं।।
मत स्वीकार कहीं भी बँटना,
वरना धोखा खाएगी।
मंदिर का भी नहिं प्रसाद जो,
सर्व सुलभ हो जाएगी।।
गोविन्द गोविन्द मत करना,
काली का खप्पर हो जा।
सुन लड़की ! पहचान स्वयं को,
पी आँसू सागर हो जा।।
दुःशासन ठहरा दुःशासन,
नहीं भरोसा अपनों का।

रोज़ प्रेम से बातें कर के,
ख़ून करेंगे सपनों का।।
संबंधों की आड़ लिए ही,
कई भेड़िये गुर्राते।
बहन बेटियों की चीख़ों से,
नहीं कलेजे थर्राते।।
टकराए तो वज्र चूर हो,
ऐसी तू पाथर हो जा।
सुन लड़की ! पहचान स्वयं को,
पी आँसू सागर हो जा।।
दुर्घटना कोई हो जाए,
दोष स्वयं को मत देना।
कुंठित होकर जीवन में तू,
कोई फैसला मत लेना।।
किसी कुकर्मी के कृत्यों का,
भार तुझे क्यों ढोना है।
दोष नहीं तेरा है फिर भी,
तुझको ही क्यों रोना है।
क्षमा नहीं करना दुश्मन के,
दुख का तू आगर हो जा।
सुन लड़की ! पहचान स्वयं को,
पी आँसू सागर हो जा।।

भावना भारद्वाज

निवास - संत नगर ,बुराड़ी ,दिल्ली 84.

शिक्षा - बी.एड , डिप्लोमा इन लाइब्रेरी साइंस

पापा मैं कहां खेलूं......

पापा मैं कहाँ खेलूं?
यह प्रश्न मेरी बिटिया ने उठाया, कहने को साधारण सा प्रश्न,
पर सोच कर मेरा मन घबराया।
कहाँ भेजूँ उसे खेलने मैं, जहाँ हो सके उसके लिए सुरक्षित छाया।
फिर कह उठी,पापा तुम तो कहते हो,
कि तुम खेलते थे गलियों में, जब तक अँधेरा छाया।
फिर मैं क्यों नहीं खेल सकती दिन में भी?
मेरे लिए अकेले बाहर जाना, क्यों तुमने बंद करवाया?
क्या उत्तर दूँ नन्हे प्रश्नों का, समय में बहुत बदलाव आया।
आजादी छिन गई बच्चों की, सिर पर हरदम खौफ का साया।
हर रोज यही खबरें सुनता हूँ, इसकी बिटिया,उसकी बिटिया,
कोई बिक गई,कोई जल गई, यही सोच कर मन घबराया।
मेरी बेटी सकुशल रहे, बन के रहता हूँ इसका साया।

साधना मिश्रा लखनवी

शैक्षिक योग्यता- एम. ए. (संस्कृत,)बी. एड

सम्पर्क - 9415492900

लाडो मेरी

यह समाज आज भी करता अपनी ही मनमानी।
न आना इस देश में लाडो बिटिया प्यारी रानी।।
मानो मेरी बात अगर अपना सम्मान बचाना।
इस देश में आने की तुम भूल कभी ना करना,।।
बेटे पाने का लोलुप समाज यह, कोख में तुझे मरवाएगा।
यदि बच भी गयी किसी तरह तो, कचरे में फिकवायेगा।।
इसीलिए कहती हूँ तुझसे, तू कोई सपना न सजाना।
मान सको तो मान ही लेना लाडो इस देश कभी ना आना।।
जब तुम थोड़ी बड़ी सी होगी टॉफी का लालच देंगे।
अपनी हैवानियत से रोज तुझे निर्ममता से चबाएंगे।।
इसलिए सलाह तुझको हूँ देती, अपने पंख ना फैलाना।
अगर हो सके बिटिया मेरी आने की भूल कभी न आना।।
जब बालिक हो जाओगी झूठे प्यार में वहशी तुझे फसाएंगें।
और कई तो ऐसे होंगे झूठे वादों से शादी कर आग में जलाएंगे।।
इतना ही नहीं अभी तो और भी बहुत कारनामे दिखेंगे।
जब माँ बनकर बूढ़ी होगी अपने ही बच्चे वृद्धाश्रम भेजेंगे।।
इसीलिए कहती हूँ बिटिया, अपना सम्मान बचाना।
अगर हो सके लाडो रानी इस देश कभी ना आना।।

चेहरे पर समाज

मैं अपने चेहरे पर अपना समाज लिए घूमती हूँ,
आप सभी की प्रश्न भरी नजरों को देखती हूँ।

कुछ ही दिनों में होने वाली थी शादी,माँ ने तो सारी तैयारी ही थी कर दी।
और मैं भी मन ही मन बहुत खुश थी,शादी के सुंदर ख्वाब देखने लगी थी।
मैं दुल्हन बनकर कैसी देखूंगी,सोच-सोच कर मुस्कुराने लगी थी,
अपनी सुंदरता पर इतराने लगी थी, इन्हें सुंदर सपनों के बीच.......
न जाने कब किस मनहूस घड़ी अनहोनी घट गई।
दिल दर्द से जल उठा पूरा तन बदन कराह उठा।
होश आने पर चेहरा देखा तो माँ से लिपटकर बहुत रोई थी,
माँ की तो जैसे सारी खुशियाँ ही छिन गईं थी।
पापा उसी दिन से हो गए थे मौन निःशब्द।

मुझे आज भी याद है वह दिन जब माँ ने मेरी चोटी बनाई थी।
और पापा ने, न जाने कितनी फोटो खिंचवाई थी।
अब ये सब यादें ही हमेशा के लिए रह गई, हमारे घर के शीशों की अहमियत हट गई।
फोटो अब कभी भी नहीं खींची जाती,
मैं अब एल्बमों में ही हँसती नजर आती।

अब अपना चेहरा समाज की आँखों में ही देखती हूँ,
और आप सबकी प्रश्नात्मक नजरों को पढ़ती हूँ।
आखिर वह भी तो इसी समाज में पैदा हुआ होगा,
जिसने मेरे चेहरे पर एसिड फेंका होगा,
मुझे जला मेरे सपनों को दफनाया होगा,

कैसा समाज है यह जहाँ इंसान जन्मता है,
लेकिन जानवर से भी नीचे गिर जाता है,
अपनी जिद पूरी करनी हेतु किसी का भी सब कुछ बिन सोचे ही तबाह कर जाता है।

किंतु मैने अब इसी चेहरे के साथ सर उठाकर जीना सीख लिया है।
मैं क्यों छुपाऊँ खुद को, मैंने क्या किया है,
यह अत्याचार तो इस समाज ने किया है।

मैं अपने चेहरे पर ऐसी ही तबाही लिए घूमती हूँ।
हाँ मैं अपने चेहरे पर अपना समाज लिए घूमती हूँ।।

विजया तिवारी

लखनऊ

आज गगन क्यों मौन...

आज गगन क्यों मौन बना है,
धरा सिसकती क्यों पल-पल।
तरणि आग क्यों न बरसाता,
क्यों सारा संसार अचल।
द्यूत सभा की लज्जित नारी,
आज बनी अबला बेचारी।
आज न कोई लाज बचाने,
वाला दिखता लीलाधारी।
धृतराष्ट्र,शकुनि के प्रांगण में,
क्यों रुदन द्रौपदी आज भी है।
राजनीति सत्ताओं बिच,
बिकती क्यों नारी आज भी है।
चण्डी के उर में बसी हुई,
ज्वाला प्रचंड क्यों शांत हुई।
उस बुझी हुई चिंगारी को,
फिर से दहका जो मौन हुई।
कर सावधान नरदानव को,
चण्डी का युग न खत्म हुआ।

सबला अब न तू बन अबला,
मुखरित कर स्वर जो मौन हुआ।
कमजोर नहीं है तू नारी,
जो रो-रो कर मिट जाएगी।
यह राष्ट्र बनेगा शक्ति तेरी,
सबका अभिमान कहाएगी।
एक नर पिशाच आततायी से,
वह दिन कितना शर्मिंदा था।
चीखी चिल्लाई वह बेटी,
बस पीड़ा का गलफंदा था।
जिस धरा पे नारी वंदनीय,
जिस देश में हो कन्या पूजन।
उस देश की पावन धरती पर,
अस्मिता तार होती हर क्षण।
तो उठ नारी काली बन जा,
कर रक्त बीज का अंत अभी।
कर भयाक्रांत नरदानव को,
नारी हों कारामुक्त सभी।

सत्य नारायण विश्वकर्मा 'पथिक'

गोरखपुर उ०प्र०

एम.ए.(अंग्रेजी साहित्य)बी.एड., सी.एच.डी.(होम्योपैथ)

संपर्क - 7398718949

स्त्री

सच स्त्री होना और समझना
कठिन ही नहीं नामुमकिन है
हमारे जगने के पहले
खत्म हो चुका होता है
सारे घर का काम
टिफिन तैयार हो जाती है
बच्चों की
सिर्फ रह जाता है
बच्चों को जगाना
बेटा तैयार हो जाओं
नहीं तो देर हो जायेगी स्कूल में
इस पृथ्वी पर
अगर स्त्री न होती
तो संसार कैसे चलता
सोचता हूं नेपथ्य में
पृथ्वी तो अपनी धुरी पर
सारे जग को नचाती फिरती हैं
फिर भी एहसास नहीं होता

कि हम भी नाच रहे हैं।
स्त्री और पृथ्वी में काफी समानता है
हमारे घर परिवार में
जितनी भी स्त्रियां है
सभी हमको अपने साथ साथ
नचा रही है और हम भी नाच रहे हैं
सच यही जीवन है
और जीवन तब ही जीवन है
जब घर परिवार में स्त्रियां हो।
पथिक इस बात को बखूबी जानता है
इस सृष्टि की धुरी आखिर ईश्वर ने
स्त्रियों को क्यूं बनाया

प्रेम

इस नवीन परिवेश की पढ़ी नारियॉ किस प्रकार के प्रेम को तरजीह देती है, देखे यह रचना

मै करना चाहती हूँ प्रेम
पर शर्तो मे बँधा एक तरफ़ा प्रेम --नही
मै चाहती हूँ तुम्हारा साथ
कि देख सकूँ --
प्रेम का लालित्यपूर्ण आकाश,
और बिखेर सकूँ --मै

प्रेम, करूणा, स्नेह व प्यार
अविरल और अनवरत्
बशर्ते कि तुम स्वीकार सकों
मेरा स्वतंत्र अस्तित्व,
जिसे मैंने तैयार किया है ---
श्रम,परिश्रम से,समाज में -
मेरी बहुत सारी आशाएँ हैं -
जो पूरी कर सकती हूँ --
'तुम्हारे साथ '
पर यदि तुम्हें स्वीकार न हो,
यह सब --------!
और तुम इसे मेरा दंभ समझों
तो संभव नही यह साथ,
यह प्यार मै कर ही लूँगी --
यह सफर पूरा -
पर ग़र तुम आये -
तो बदल जायेगें मायने,
और फलसफ़े जिंदगी के ---+
(रचनाधिकार पूर्ण सुरक्षित)

प्रतिभा पाण्डेय “प्रति”

वर्तमान निवासः- तमिलनाडु चेन्नई

शिक्षाः- स्नातकोत्तर (हिन्दी) नेट जे आर एफ

संपर्क- 8081213167

नारी

उपकार करके इतना,देना बस सम्मान।
यह प्रेम घर है सकॅरा, पूरा ज्ञान-विज्ञान।।1।

श्रृंगार करें नारियाॅ, भौतिक सजे शरीर।
करें समर्पण वे सदा, हॅस कर सहती पीर।।2।

सब रिश्ते संवारती, रहती जिम्मेदार
तिनका तिनका जोडती, ढूँढूॅ नित अधिकार।।3।

नारी पति को पूजती, करती निश्छल प्रेम,
तिरस्कार सहती नहीं, करती मंगल क्षेम।4।

निश्छल निछावर निशदिन, बहे प्रेम की धार,
रूपवती नित ही गढ़े,स्नेह भरे संसार।।5।

बिचलित कभी न हो सके,सहती कष्ट अपार।
सदा सृजन -पथ पर चले, नारी की जयकार।।6।

हाँ मैं नारी हूँ

युग निर्माण मैं कर सकती हूँ
हाँ मैं नारी हूँ, हाँ मैं शक्ति हूँ। टेक।

कोमल कली हूँ, मन से सबल हूँ,
आकाश चूमती मैं, धरित्री प्रबल हूँ,
चुनौती स्वीकार है, मन कहाँ लाचार है?
जुगाड़ मेरा नाम है, परिवार ही धाम है।
बोझ कैसे कह रहे, मै तो वरदान हूँ,
दानों में महान, मैं तो कन्यादान हूँ।
बेचारी नहीं अब, अनंत उडान हूँ,
माँ पिता जी का, मैं ही अभिमान हूँ.........।
भुक्ति नहीं हाँ मैं भक्ति हूँ, हाँ मैं भक्ति हूँ, हाँ मैं भक्ति हूँ...।

असम्भव को सम्भव कर सकती हूँ,
हाँ मैं नारी हूँ, हाँ मैं शक्ति हूँ,
युग निर्माण, मैं कर सकती हूँ,
हाँ मैं नारी हूँ, हाँ मैं शक्ति हूँ।।1।

सशक्तीकरण की, बात अब व्यर्थ है,
हिन्द नारी सशक्त, हिन्द का अर्थ है।
प्रेम, त्याग, बलिदान,, मार्ग प्रशस्त है,
लिखती ओर छोर मैं, कलम ही शस्त्र है।
भीष्म कोट अतिक्रमण, योद्धा वीर नारी है
मात्राभार में गिन लो, नारी नर पर भारी है

कम आंकने की भूल, तुमको नहीं करना है,
आदि शक्ति तुम महान, अपने उर भरना है.......
हम सबल सबला अनुरक्ति है, अनुरक्ति है, अनुरक्ति है.....।

हर मन में प्रीति, भर सकती हूँ,
हाँ मैं नारी हूँ, हाँ मैं शक्ति हूँ,
युग निर्माण मैं कर सकती हूँ,
हाँ मैं नारी हूँ, हाँ मैं शक्ति हूँ।। 2।

महान शिवाजी की, गुरु जीजामाई हूँ,
राम, कृष्ण अर्जुन, भीम,, वीरों की माई हूँ,
सुख समृद्धि देती, विष्णु की नारायणी हूँ,
दुष्ट दानव के लिए, दुर्गा काली हूँ।
वीर पहलवान मैं, हमीदा बानो हूँ,
गन्दी नजर वालों, के लिए हैवान हूँ,
मृगनयनी सौन्दर्य, स्वर कोकिल तान हूँ।
यामिनी दामिनी, सर्वत्र विद्यमान हूँ......
तुलसी आँगन की भाव पंक्ति हूँ, पंक्ति हूँ, पंक्ति हूँ.....

सरिता से चट्टान, बन सकती हूँ,
हाँ मैं नारी हूँ, हाँ मैं शक्ति हूँ।
युग निर्माण मैं कर सकती हूँ,
हाँ मैं नारी हूँ, हाँ मैं शक्ति हूँ।। 3।

ढ़ांचा एक सा
आँकलन, आँकलन, आँकलन, आँकलन....

आँकलन करते हो तुम मेरा.......

मेरे उठने-बैठने का तरीका देखते हो,
चलने-बोलने से मुझको तोलते हो।
भाव-भंगिमा से रहस्य उपजाते हो,
कल्पना से फिर बहुत खूब सजाते हो।
एक दायरा गोल बना लेते हो,
मुझे फिर उसमें बैठा देते हो!
मेरी प्रतिभा को बिना जाने-2
अपनी प्रतिमा में मुझे चुनवा देते हो!
पर इतने से भी संतुष्टि नहीं मिलती....
कैसे खाती हूँ, कैसे हूँ सोती,
जानने को फिर आतुर हो जाते हो,
क्या पसंद है क्या नापसंद?
खबर सबका रखना चाहते हो....
आखिर क्यूँ.......2?
क्यूँ आँकलन करते हो तुम मेरा......?

नारीश्वर हूँ मैं भी,
तराजू में फिर क्यूँ बैठाते हो?
मैं अब अबला नहीं हूँ,
असहाय, अबोध, बला नहीं हूँ।
नित प्रतिदिन होती सबला हूँ,
तेरी सरस्वती, तेरे संग कमला हूँ।
संग-साथ जीवनी अर्धांगिनी,
ममतामयी, प्रेममयी तेरी ही सरला हूँ,

फिर क्यूँ-2
फिर क्यूँ आँकलन करते हो......?

हर कली नारी ही है,
सौन्दर्य श्रृंगारित ही है
ढांचा एक सा, ह्रदय एक सा,
ममता एक सी, जीवन भी एक सा।
एक सा भाव, एक सा भान,
एक सा सौन्दर्य, एक सा बोध
फिर बराबर, क्यूँ ना दे पाते मान.......?
ठेस पहुंचाकर मेरे स्वाभिमान को
क्षण-क्षण आँकलन करते हो क्यूँ मेरा-2
आँकलन करते हो तुम मेरा......।

इन्दुकांत आंगिरस

दिल्ली

1.देह के अर्थ

तुम ज़िंदगी भर
तलाशते रहे
मेरी देह के अर्थ
कभी फूल
कभी रौशनी
कभी किरण
कभी चाँदनी
कभी लहरें
कभी समुन्दर
कभी तारे
तो कभी किनारे
बना कर,
लेकिन प्रिय
मेरी देह तो सिर्फ
एक राख़ है
ओर इस राख़ को
तुम अपनी आत्मा पर
मल नहीं सकते।

2. अनाथ

मैं अनाथ हूँ
अर्थात मेरा कोई नाथ नहीं
मेरे माँ - बाप नहीं
मैं यहाँ
अपरिचित चेहरों की भीड़ में
अकेली हूँ
किसी अनजान शहर में
किसी अनजानी गली में
किसी खंडहरी इमारत में
किसी सीलन भरे
अँधेरे तंग कमरे में
अपने वजूद तो तलाशती
मैं ऐसे सूर्य की रौशनी हूँ
जिसकी काली किरणे
इस कमरे के अँधेरे को
और अधिक गहरा देती हैं
और उस मुर्दा सन्नाटे में रात
एक अंतहीन रात
निरंतर करवटें बदलती है
मेरी आत्मा बिलख बिलख उठती है
चंद सर्पीली उँगलियाँ
मेरे शफ़्फ़ाक़ बदन पर
बेतरतीबी से रेंगने लगती है
और

मेरा बदन ढल जाता है
दर्द की एक अंतहीन नदी में
दर्द की यह नदी
रात के मूक सन्नाटे के साथ
मिलकर गाती है
दर्द का अंतहीन मर्सिया
सुबह की रौशनी का
लिबास ओढ़कर
मैं एक बार फिर से
कोशिश करती हूँ
अपने वजूद को पहचानने की
उस अनजान शहर में
उस अनजानी गली में
उस खंडहरी इमारत में
उस अँधेरे कमरे से गुज़रते हुए
मैं अब नहीं घबराती
अब मैं परिचित हूँ
यहाँ की धूप, हवा, रौशनी
चेहरे, मुखोटें
सब को पहचान लेती हूँ
बस पहचान नहीं पाती तो
उन सर्पीली उंगलिओं को
जो रात में देर तक
मेरे मिटटी के बदन पर
अनगिनत दंश छोड़ जाती है

पीर की एक नदी
बिलख बिलख जाती है
मैं रोज़ बनती हूँ दुल्हन
लेकिन बन्ने के गीत
मेरे गले में ही घुट जाते हैं
प्रेम के सब गीत चुक जाते हैं
सर्पीली उंगलिओं के दंश
न जाने कितनी सदिओं में जाएँगे
एक न एक दिन ये आंसूं भी मुस्कुराएँगे
मैं अगली सुबह
फिर उठती हूँ काली चादर छोड़ कर
रौशनी की ऊँगली पकड़ मुस्कराती हूँ
प्रेम का वही अनंत गीत
अपनी आत्मा में गुनगुनाती हूँ।

जंगली जानवर (लघुकथा)

- " अरे, भई, इतने सहमी - सहमी क्यों चल रही हों? " मैंने उस लड़की से पूछा।

- " क्या करूँ, जंगल ही इतना घना है और जंगली जानवर आस - पास घूम रहे हैं। " देर रात दिल्ली की उस पॉश इलाके से गुज़रते हुए उस लड़की ने जवाब दिया।

- " जंगली जानवर?, मुझे तो कोई जंगली जानवर दिखाई नहीं दे रहा, बस चंद इंसान ही घूम रहे हैं। तुम्हें इनसे डर लग रहा है क्या? "-मैंने उस लड़की से फिर पूछा।

- " हाँ, हाँ, मुझे इनसे ही डर लग रहा है क्योंकि ये इंसान ही पल भर में जानवर बन जाते हैं और अपने ख़ूनी पंजो से नौंचने लगते हैं औरत का जिस्म। "

उस लड़की की बात सुन कर मुझे कुछ अचरच हुआ और मैं ग़ौर से उन इंसानों को देखने लगा जिनके चेहरों पर अनगिनत मुखौटे थे।

गूँगी लड़की (लघुकथा)

साहिल को एक गूँगी लड़की से प्यार हो गया था। जब यह बात उसके परिवार को पता चली तो घर में कुहराम मच गया। " कैसा दिमाग़ खराब हुआ है इस लड़के का? जानबूझ कर अपने पैरो पे कुल्हाड़ी मार रहा है। देख कर कौन पीता है मक्खी वाला दूध। "

घर के सभी सदस्यों ने उसे बहुत समझाया लेकिन साहिल अपनी ज़िद पर अड़ा रहा। साहिल की माँ के कहने पर मैंने भी साहिल को समझने की कोशिश करी " यार, ऐसी क्या बात है उस गूँगी लड़की में कि तू अपने सब कुछ उस पर क़ुर्बान करने को तैयार है। तुझे उससे भी ज़हीन और ख़ूबसूरत लड़कियाँ मिल जाएँगी। "

" हाँ यार, मुझे मालूम है कि मुझे उससे भी ख़ूबसूरत लड़किया मिल जाएँगी " -साहिल ने मुझसे कहा।

" तो फिर ये गूँगी लड़की ही क्यों? " मैंने ज़ोर दे कर साहिल से पूछा।

" सच बता दूँ... असल में बात ये है कि मेरे अंदर के शैतान को गूँगी लड़की ही चाहिए जिससे कि वो शैतान रोज़ उसका बलात्कार

कर सके और उसकी चीख़ें उसके गले में ही घुट कर रह जाए। " - साहिल ने तपाक से जवाब दिया।

अपने दोस्त साहिल ये जवाब सुन कर मैं गूँगा ही नहीं बहरा भी हो गया था।

डॉ सरला सिंह "स्निग्धा"

दिल्ली

आखिर कब तक?

समाज में महिलाओं के प्रति अलग रवैया अपनाया जाता है, पुरुषों के प्रति अलग। नारी के लिए तरह-तरह के नियम कानून बने हुए हैं तो वहीं पुरुषों के लिए कोई नियम कानून नहीं है। सारे व्रत -उपवास नारी के लिए वहीं पर पुरुषों के नाम शायद ही कोई व्रत -उपवास होता हो। व्रत भी किसके लिए है पति के लिए और बेटे के लिए, पत्नी के लिए भी कोई व्रत बना हो ऐसा नहीं है। बेटी के लिए कोई व्रत बना हो, शायद ही कोई हो। नवरात्रि में कन्या पूजन को अगर छोड़ दिया जाए।

अधिकार क्षेत्र में भी पुरुषों का ही आधिपत्य स्थापित है आज भी। मायके में पिता की सम्पत्ति में महिलाओं को कानूनन अधिकार तो है पर वास्तविक रूप में वह अमल में लाया जाता हो यह बहुत ही कम है। ससुराल की सम्पत्ति में भी नाम बेशक कई लोग अपनी प्रापर्टी

अपनी पत्नी के नाम खरीदते हैं, बैंक अकाउंट भी। परन्तु स्त्री उस प्रापर्टी या बैंक में जमा पैसों का उपयोग स्वतंत्र रूप से कर सकती हो, ऐसा बहुत ही कम है। वह बैंक के पैसों का उपयोग ज्यादा से ज्यादा अपने

सजावट या वस्त्रों या जेवरात के लिए कर सकती है

मगर यदि वह चाहे कि उन पैसों को किसी अन्य को

दे दे तो यह असंभव है। वहीं पर पति अपनी पत्नी के पैसों का उपयोग मनमाने ढंग से करने को स्वतंत्र होता है और यदि पत्नी इस पर ऐतराज जाहिर करती है तो

ऐसे बहुत से परिवार फिर टूटने के कगार पर पहुंच जाते हैं।

समाज में भी महिलाओं को अभी भी वह अधिकार

नहीं मिला है जो उसे मिलना चाहिए। वह अभी भी बहुत से लोगों के सोच के अनुसार वस्तु समझी जाती है न कि इंसान। आज भी महिलाएं रात में अकेले बाहर निकलने की हिम्मत नहीं जुटा पाती हैं। यह डर किसका है? वह ऐसे ही पुरुषों का डर होता है जो किसी के भाई, पति और बेटे तथा पिता भी होते हैं मगर उनकी निगाह में पराई स्त्री वस्तु होती है।

विवाह दो लोगों का बन्धन ही तो है जो जीवन भर के लिए एक दूसरे का साथ निभाने के लिए बांधा

जाता है। इसे भी दहेज की तराज़ू में तौला जाता है। जिस लड़की के मां-बाप के पास जितना अधिक दौलत

होती है वह अपनी बेटी के लिए उतना ही सम्पन्न और

अच्छे रोजगार वाला लड़का खरीद सकता है। गरीब

तबका बस इस खेल को निहारता ही रह जाता है।

ऐसे ही बहुत से जटिल प्रश्न हमारे सामने अभी भी मौजूद हैं जिसके बारे में यही सवाल उठ खड़ा होता है कि यह सब आखिर कब तक चलेगा? इन समस्याओं का समाधान कैसे होगा? क्या ये समस्याएं और जटिल रूप धारण करेंगी या इनका कुछ निराकरण भी होगा?

गंगा शरण पासी

रायपुर छत्तीसगढ़

तीजन बाई

तीजन बाई छत्तीसगढ़ की लोक गायिका हैं। जिनका जन्म 24 अप्रैल सन् 1956 को दुर्ग जिला राज्य छत्तीसगढ़ में हुआ हैं, तीजन बाई छत्तीसगढ़ राज्य की पहली सुप्रसिद्ध लोक गायिका हैं जिन्होंने पंडवानी को कापालिक शैली में प्रस्तुत किया है। तीजन बाई ने अपनी कला का प्रदर्शन देश में ही नहीं वरन् विदेशों में भी किया है,जिनके लिए उन्हें भारत सरकार द्वारा सर्वोच्च पुरस्कार पद्म भूषण और पद्म श्री सम्मान से सम्मानित किया गया है। उनकी अद्भुत क्षमता और लगन देखकर उमेद सिंह देशमुख ने अनौपचारिक रूप से उन्हें प्रशिक्षण दिया हैं। तेरह वर्ष की आयु में ही तीजन बाई ने अपनी पहली प्रस्तुति मंच पर दी तथा पंडवानी को कापालिक शैली में प्रस्तुत किया। उस समय प्रधानमंत्री इंदिरा गांधी से लेकर अनेक अतिविशिष्ट लोगों के सामने देश विदेशों में कला का प्रदर्शन कर अपनी पहचान बनाई है। प्रदेश और देशी सरकारी संस्थाओं द्वारा पुरस्कृत तीजन बाई मंच पर सम्मोहित कर देने वाली अद्भुत नृत्य नाटक प्रदर्शन कर सबको मोहित कर देती है। पंडवानी में महाभारत की कथा को कापालिक शैली में प्रस्तुत करती है जो छत्तीसगढ़ के लिए प्रेरणा स्रोत बन गई है।

राधा शर्मा

शिक्षा - मेरठ विश्वविद्यालय मेरठ से हिंदी में स्नातक-19931

सचल वाक्-9555815621

कन्यादान

बेटी-बेटा-बेटी भी
बनतें एक दिन एक सफल माँ-बाप
उनके संजोग से होती,
एक बेटी !
कन्या-माँ से कहे अपने दूध का स्वाद
मुझे जरूर चखाना मम्मी,
और
पिता से करें वो विनती
कर जोर,
बाबुल अपने अंगना में मुझे खिलाना,
गोद में अपनी बैठाकर,
जब आए यौवन तब बस
कर देना मेरा कन्यादान।
माँ के साथ बैठकर
करना मेरा कन्या दान।

आखिर कब-तक रहेंगे हम दरिंदों के चुगंल में?

हम आजाद देश की नारियाँ
अब भी हैं कैद एक जेलखाने में,
नहीं हमको कोई आजादी है।
रात-रात तो क्या?
दिन भी हम पर भारी है,
नन्हीं-नन्हीं बच्चियों पर भी
अब तो हैवानियत हावी है।
आजाद देश....!

न खून का संबंध न दूध का रिश्ता
बेटी बचाओं-बेटी पढ़ाओं का नारी पर,
डंका - शिकंजा भारी है.

माँ-बापूओं को अपने युवराजों की
नीयत का क्यों भान नहीं?
जो मानव-से- दानव बन रहें,
आजाद देश....।

नारी जगत् शासन-प्रशासन से अपनी
मुक्ति सुरक्षा की करें अपेक्षा भारी,
जो इस पहलू की कर रहें अनदेखी।
वार-पर-पलटवार क्यों नहीं समय पर करते?
आजाद देश.....

मात-पिता का भी प्रथम धर्म ये
घर के चिरागों पर
नजरें थोड़ी तीखी हो'लाठी का अंकुश
भारी क्यों नहीं करते हैं?

खाकी-काली वरदी वालों से, पूछें ये नारी-संसार
आखिर कब- नार मांगें अपने आँचल का मान-सम्मान।
ये सिलसिला आखिर कब तक रहेगा जारी?
हम आजाद देश की नारियाँ
अब भी हैं कैद एक जेलखाने में,
नहीं हमको कोई आजादी है।।

रेखा मल्हान 'कृष्णा'

शिक्षा - हिन्दी ,संस्कृत में स्नातक

पता - दिल्ली

पेशा - शिक्षिका

सोच रही मेरी कलम

सोच रही मेरी कलम
आखिर कब तक?
द्रौपदी का चीर हरण होता रहेगा?
कब तक भीष्म, द्रौण मौन रहेगें?
कब तक दुर्योधन, दुस्साशन दुष्कर्म करेंगे?
मामा, जिसमें समाती दो माँ,
कब तक मामा पाँच वर्ष की भान्जी को,
सोहागपुर में स्वयं मामा नोचेंगे?
कब तक केसला के फूफा ही,
मासूम बिटिया को यूँही नोचेंगे?
आखिर कब तक उमरिया में घात लगाकर,
भान्जी संग दो -दो दरिंदे दरिंदगी करेंगे?
कब तक मित्र संग जाती निर्भया को,
खुले आम चार दरिंदे यूहीं दुष्कर्म को अंजाम देंगे?
आखिर क्यों अयोध्या जैसी पावन भूमि पर?
स्वयं नेता लोग नशीली दवा दे रेप करेंगे?
कब तक कोलकाता में डाक्टर संग,
और उत्तराखंड में नर्स को पीटकर,

जख्मी कर दुष्कर्म कर घला घोटेंगें?
आखिर कब होगा ये सिलसिला खत्म?
क्यों ये नारा देते रहेंगे?
बेटी बचाओ,बेटी पढ़ाओ?
क्यों ये नारा नहीं देते?
बेटे पढाओगे, सत्संस्कार दोगे तो,
बेटियों का सुरक्षित जीवन तुम पाओगे।

राही राज़

बेंगलुरु

आखिऱ कब तक ....

आखिर कब तक, मुझे तुम तोड़ोगे?
आखिर कितना, मुझे तुम बाँधोगे?
मेरी सहनशक्ति है कि मैं नहीं टूटूगीं,
तुम तोड़ना भी गर चाहो, मैं नहीं टूटूगीं ll
तुम्हें पता नहीं है,मेरी हद क्या है,
तुम्हें पता नहीं है,मेरी चाह क्या है,
मैं जिस दिन टूट गई तो,
फिर तुम मुझे, जोड़ नहीं पाओगे ll
मैं विशाल वट वृक्ष की मालकिन हूं,
मेरी क्षमता अनंत है,
हिमालय पर्वत सा शिखर है मेरा,
तुम मुझे कब पहचानोगे?
मेरी चाहत की कोई सीमा नहीं है,
फिर भी मैं गरिमा में अपनी रहती हूं,
जान रहे या फिर चली जाए,
तनिक परवाह नहीं मैं करती हूं ll
मैं बहुत ही धीर धैर्य के साथ रहती हूं,
सब्र मेरे कण कण में समाहित है,

उछल-कूद नहीं मैं करती हूं,
मैं मान मर्यादा में रहती हूं 11
आखिर कब तक,मुझे तुम तोड़ोगे,
आखिर कितना, मुझे तुम बाँधोगे।।

नारी

वो नारी है,अबला नहीं सबला होती है।
उनमें तबला बजाने की क्षमता होती है 11
जहाँ भी जाओ,नारी की ही बात होती है,
वो है खूबसूरत,इतनी ही बस बात होती है 11
ऐसा बात नहीं कि,नारी केवल खूबसूरत ही होती है,
उनकी हर बात की अहमियत होती है,कद्र होती है 11
उसकी बातों में, बहुत ही दम-खम होता है,
उसकी बात भी, बहुत ही बेशकीमती होती है 11
उनके बात करने का,तरीका सबसे अलग होता है,
उनकी नीयत पर हमें,कभी नहीं शंका होती है 11
वो जहाँ भी जाए,छाप छोड़कर आती है,
कुछ भी कह लें,ऐसे नारी शानदार होती है 11
वो अपने आप में,परिपूर्ण दिख जाती है,
उनकी अभिव्यक्ति भी, लाजवाब होती है 11
नारी,तो जहाँ की रानी होती हैं,
नारी,लक्ष्मी बाई भी होती है 11
वो नारी है,अबला नहीं सबला होती है,
उसमें तबला बजाने की क्षमता होती है।।

आरती दीक्षित

नोएडा

नारी

कब चाह सीता बना पूजो?
कब चाह लक्ष्मी, सीता, सरस्वती
या कोई भी देवी बना पूजों?
पूजा की तो आस ही नहीं
बस चाह यही रखती हूँ,
स्वाभिमान मैं भी रखती हूँ
तिरस्कार हो ये स्वीकार नहीं।
नारी कब हारती हैं?
कमज़ोर भी कहाँ होती हैं?
दरअसल समाज की आड़ दिखाकर
कमज़ोर बनाया उसे जाता है।
कभी उसे गुलाब दे खुश करतें हो,
तो कभी थप्पड़ों की बौछार।
अरे तुम क्या गुलाब दोगे उसे?
वो तो खुद गुलाब बगिया की बहार।
बहुत हुआ अब वो चुप ना रहेंगी,
जाग रहा उसका वजूद
अत्याचार अब ना सहेंगी।

ऐ पुरूष! तुम क्या नारी को बनाओगें?
तुम्हें ही नारी ने बनाया है
क्या कहाँ अकड़ अपनी दिखाओगे?
वह तो सिर्फ़ देती हैं कहाँ भला कुछ लेती हैं,
कभी माँ बन तो कभी भार्या कभी बहन तो कभी सखा।
प्यार, स्नेह, स्पंदन के ख़ज़ाने सिर्फ़ लुटातीं है,
भला क्या औकात कुछ देने की वह तुम्हें ही देती है।
प्यार सम्मान दोगे तो कायनात उतार दें,
नहीं दोगे तो भी अनिष्ट तो ना चाहें।
वो धरा सी धैर्य वान खुद संभल जाए,
पर बगिया हरि भरी फिर स्वतः ही ना रह पाए।

नारी तेरी कहानी

कभी लगता झूठा सा सब बेमानी
तुम पूजनीया तुम देवी
तुम्ही घर की रानी
ये सारी बातें लगती बेमानी।
क्यूँ पत्थर बना छोड़ दिया
पूजनीया थी गर तो क्यूँ
बुत बना छोड़ दिया?
हाँ बिल्कुल वो देवी
बताओ तो ज़रा
किस अपराध की मिली सज़ा
अग्नि परीक्षा बताओं तो क्यूँ?

उसको भी चलो जाने दो
हो गई वो भी परीक्षा
किस कारण त्याग दिया
वो अकेली नहीं जीव दो और साथ।
क्यूँ ना देखा फिर मुड़कर
हाँ नारी तो देवी है
बिल्कुल वह पूजनीया है
बताओं कोई भला कैसे?
द्रोपदी सुता कितना अपमान
कहाँ मिला भला सम्मान
फिर भी कहते है ना
नारी तो पूजनीया है।
ये बातें तो चलो सब पुरानी
अब आती हैं नई कहानी
हर दिन अख़बार का कोई कोना
चीत्कार कर कोई गाथा कहता।
नन्हीं बिटियाँ जो अभी सिर्फ़
मुस्कुराना ही जानती
कैसा विषैला दर्द कराह रूदन से
आज वह मासूम छटपटाती।
क्यूँ ना फिर मुँह से ये ना निकले
बनाके जिन्दा लाश उसनें
मुझको जिन्दा छोड़ दिया?

श्रीमती संतोष मिश्रा "दामिनी"

प्रयाग राज

नारी तेरी बात निराली

माधुरी खिलौना बेचकर लौट रही थी कि याद आया कि लौकी खरीदना है तो मुड़ गई बाजार की ओर। धनपत अपनी पत्नी कामिनी को मार रहा था और अपशब्द कहे जा रहा था और खुद भी हलकान हुआ जा रहा था।

माधुरी ने हड़काया " देख धनपत अगर अपनी घरवाली को इसी तरह सतायेगा तो मैं तुम्हारे खिलाफ आवाज उठाने में देर नहीं करुंगी"

और कामिनी से बोली

"भाभी ११२ नंबर पर फोन लगवा दिया करो फिर देखती हूँ धनपत की हेकड़ी। "

धमकी काम कर गई और कामिनी को छोड़ धनपत सब्जी देने उठ गया।

माधुरी लौकी लेकर घर आ गई और थके हुए शरीर को किसी तरह संयत किया फिर खाना बनाने लगी। टपकती हुई छत से उसके रसोई में रुकावट आने लगी तो दुखी मन से वह खुद को ही कोसने लगी। पति दीपक अपनी गृहस्थी को ध्यान नहीं रखता था और कुछ बोलने पर लड़ता -झगड़ता था तो आज माधुरी भी लापरवाही से उठी और पानी पीकर लेट गई।

दीपू ने आकर कहा

"खाना नहीं बना है क्या???? "

"नहीं मुझे बुखार है और छत से पानी गिरकर चूल्हा बुझा जा रहा है। "

दीपू ने उसके बोल अनसुना कर दिया और पास पड़ी डंडी से माधुरी को मारने लगा। लेकिन आज तो बहुत परेशानी हो रही थी इसलिए माधुरी ने भी कुछ सोचा और उठकर

खिलौने की टोकरी में पड़े लकड़ी के गदा को उठाकर धमकाया कि

"अगर मारपीट करोगे तो छोडूंगी नहीं????"

दीपू का सारा नशा गायब और फटाफट रात के अंधेरे में ही छत पर प्लास्टिक और पन्नी डालने लगा।

माधुरी लौकी लेकर फिर से रसोईघर में जुट गई कोफ्ते बनाने और मन में भरी कोफ्त को बरबस मिटाने के लिए गीत गुनगुना पड़ी

"नगरी नगरी द्वारे द्वारे,

ढूंढूं मैं सांवरिया "

अर्थात यदि स्त्री कोशिश करे तो कृष्ण अंदर ही हैं। क्यों बेवजह भरी सभा में चीर हरण हो? क्यों बेवजह किसी की पिटाई और मार सहे।

श्रीराम राय

औरंगाबाद

बिहार

आदमखोर आदमी

हाय!!
एक चिल्लाहट
साथ हजारों हाथ
दुआ में उठ खड़े हुए ;
बेटी की इज्जत
भरे बाजार
कुछ समाज के
ठेकेदारों ने
नीलाम कर दिए।
वह केवल वह
नन्ही सी लड़की
अपने दोनों हाथों को
उठाकर अपने
सीने ढाप कर
आकाश की ओर
देख रही थी ;
थोड़ी सी बद्दुआ
मांग रही थी
अपने लिए
समाज के लिए !!

पति परमेश्वर !!

हंस कर
जुल्मों को सहती
वह उसे
परमेश्वर कहती !!
बचपन में
बड़ों का झूला,
आज गले में फंदा !!
छत से लटकी
लाश उसकी
लगाए टकटकी !!
सैकड़ो आंखों के आगे
परमेश्वर सन्न है ;
लाश का चेहरा
प्रसन्न है....
उसे कुछ पता नहीं,
उसके लिए तो बस,
उसका पति,
सिर्फ परमेश्वर है???

झोंपड़ी में मां

दिन में हुई रात,
गर्मी में बरसात?
कैसे हुई
ऐसी बात?
ना सूरज निकला
ना चांद आया
ना लू चली
ना बादल छाया...।
चमकी केवल
बिजलियां ऐसे
जैसे सूरज हो जलाता
और चांद हो पिघलता !!
गगन से धरा पर
आंधियों में कुछ
उड़े घर।
छप्पर को लगा
थप्पड़ किसी का ....!
बस्तियों में
धुआं ही धुआ था,
ना आग लगी
पर सब कुछ जला था ;
शहरों से दूर
लोग चिल्ला रहे थे,
रोटी मकान के लिए।

लाश जलाने शमशान के लिए।
झोपड़ी में मां
बच्चे को लहू पिला रही थी।
शहरों में बैठी दौलत,
कुत्ते को, दूध पिला रही थी।।

आखिर कब तक

बेटियां
हैं पूछती
आखिर कब तक
बंटेगी हमारी
बोटियां।।
खिलौना
बने
जाते रहे तोड़े
सदियों से
हम।।
नारायण
कहलाते नर
लगता इनसे डर
कैसे बचेगी
बेटियां।।
कानून
ऊपरवाले का
नीचेवाले की तरह
शायद है
अंधा !
ज्ञान
होगा कब
जला अपनी दुनिया
रचती संसार
बेटियां।।

सुधा भार्गव

शिक्षण : बिरला हाई स्कूल कलकता में 22 वर्षों तक हिन्दी भाषा का शिक्षण कार्य किया।

मोबाइल :9731552847

प्रतिशोध

तिजौरी में बंद करके
संपत्ति की तरह संजोके
निर्जिवता की मूर्ति बनाके
रखना चाहते हो तुम मुझको।
जब चाहा बुकनी बनाकर निगल लिया
जब चाहा कूड़ेदान में फेंक दिया
जब चाहा रखा जब चाहा बेच दिया
पर क्या रोक सकोगे
मेरे बहते आंसुओं को।
जो दर्पण की तरह दिखा रहे हैं
मेरे मन की खिन्नता रिक्तता, विरक्तता
तर्पण कर रहे हैं तुम्हारे प्रति मोह का।
तुम जन्म दे रहे हो ऐसी विद्रोहणी को
जो विरथीकरण करेगी जो प्रतिकार लगी
और सदैव सवार रहेगी
प्रतिशोध के अश्व पर।

कौन छलनी हुआ!

बद्चलनी के आरोप में
बांध दिए हाथ पैर
बिगड़ गया केश विन्यास
गले में था
जूतों का गजरा
तन पर था
धोती का टुकड़ा
शीत की चुभन थी
मन में कुढ़न थी
दोनों हाथ जुड़े थे
वक्ष का ढाल बने थे।
अर्धरात्रि के सन्नाटे में
सड़क गवाह थी
किसने बदी की
कौन छलनी हुआ
कौन शिकारी था
किसका शिकार हुआ
सड़क गवाह थी
निशाचारों ने मिलकर
घुमाया था रात भर
अट्टहास किया था
गगन भेदकर।
बदचलन वह नहीं
बदकार थे वे पांच

जिनकी बीन पर
नाचने से कर दिया था
उसने इनकार
इसीलिए बना दिया उसका तमाशा
तमाशबीनों के गाल पर
उसने मारा था तमाचा।
सच पूछो किसी के मानस में न थी
उस मानसी के लिए
आत्मीयता की छलछलाहट
मानवीयता की कुलबुलाहट
नैतिकता की कराहट
औचित्य की गुनगुनाहट
उसको भस्म कर चुका था
निशाचरी का दावानल।

नीरजा श्रीवास्तव

हिंदी वरिष्ठ स्वतंत्र लेखिका

फ़रीदाबाद (हरयाणा)

कुंडी (लघुकथा)

' बाहर शोर गुल कम हो गया,निठल्ले पति के निठल्ले यार दोस्त शायद ताश की बाज़ी खत्म करके चले गए.' ऑफ़िस और घर के कामो से थकी हारी,अर्ध निद्रा में बेसुध सी पचपन वर्षीय मृणाल को महसूस हुआ था. '...अब दरवाज़ा खुलेगा और उसके दर्द और ज्वर से बेपरवाह अमृत अपने वहशी सुख के लिए उसके मन और शरीर को फिर छलनी छलनी कर देगा.विचार में भी पीड़ा से वह कराह उठी.

'क्यों वह झेलती रहे ये सब दरिंदगी...ये कैसा पति परमेश्वर,जो इंसान भी नहीं,सिर्फ़ एक स्वार्थी जानवर .... उसके लिए ये कैसे उसके समर्पित संस्कार?....जबकि वो कभी से उसपर निर्भर भी नहीं.जिसने घर और उसके प्रति अपना कोई कर्तव्य कभी समझा ही नहीं..... फिर भी क्यों आज तक वह अपने लिए,अधिकार से कुछ कह नहीं पाती, 'न' भी नहीं.क्या वह भी सही में ऐसे घृणित बालात्कारी सुख के अवश है? जैसा कि छोटी बेटी आराध्या उसे क्रूर पिता से तलाक न लेने से रोष में आकर.....इस बार स्पष्ट शब्दों में,हथौड़े सा विभत्स, कठोर ताना मार,एहसास करा गई,

"बस यही लगता है आपको भी इसी सब में मजा आता है. हवस के मारे इनके बिना रह नहीं पाती,वरना कब का छोड़ चुकी होतीं ऐसे आदमी को,.....अब हम बेटियों का बहाना भी नहीं आपके पास,...हम सब जा चुकी हैं यहां से."

"...बस एक और शब्द नहीं"

और उसने उसे बिना सोचे कि वो शादी शुदा है थप्पड़ भी रसीद कर दिया था. 'ग़लत किया मैने.ऐसे कमज़ोर करने वाले संस्कारों को आज ऐसी ही संज्ञा दी जानी चाहिए.ठीक ही

तो कहा बेटी ने....' उसका मन अपने प्रति घृणा से भर उठा.

मृणाल ने तीनो बेटियां अपने दम पर सेटल कीं थीं. समाज के लिए अपने बाप के साये में वे अपने अपने घर इज़्ज़त से चली जाए,उनपर कोई आंच न आये इसलिए वो अब तक झेलती रही थी इस दरिंदे को.

'...पर अब बहुत हो गया....सच में,लोक लाज,भारतीय नारी संस्कार कर्तव्य,पति परमेश्वर आज अचानक उसे न जाने किस अदृश्य शक्ति ने तीव्र शारीरिक वेदना में भी उसे दरवाजे पर ला खड़ा कर दिया .अमृत शराब का आधा ग्लास मुंह में लगाये दरवाजा खोलने को ही था.

"नहीं...बस अब नहीं .... अब कभी नहीं .... !' मृणाल ने लगभग चीखते हुए कहा. उसे घृणा से देखा,परे धकेला और उस गंद के सदा प्रवेश निषेध के संकल्प के साथ इसबार उसने दरवाज़े की कुंडी लगा ही दी और पुलिस को भी कॉल कर दिया।

यदि.... (लघुकथा)

सुमेधा के पिता की बीमार हालत में उसकी बुआ ने यह कहते हुए उन्हें राज़ी कर लिया,कि "आप की हालत भी ठीक नहीं रहती .बुद्धिमान,मनोविज्ञान से एम.ए सुमेधा,लड़के के गुस्सैल स्वभाव का क्या,वो तो वो सम्भाल लेगी.उम्र बढ़ रही है सुमेधा की आप वो सोचिए.देवरानी का ही तो भतीजा है. बाप की बचपन में ही मृत्यु हो गई थी मां भी पिछले साल गुजर गईं.अपना मकान है.कमाता खाता,अच्छे घर का लड़का फिर मिलेगा नहीं."

और इस तरह गुस्सैल होने के साथ साथ ज़िद्दी, बदमिजाज, बदतहज़ीब, धीरेंद्र को,उसके पल्लू से बांध दिया गया.जिसका पता बाद में चलाशादी के दो दिनों में उसने जान लिया कि वो कम बुद्धि भी है,कम आई क्यू लेवल....पर पूरा पागल नहीं. इलाज से सम्भवतः ठीक हो जाएं.बुआ ने जाने क्यों बिना जांचे परखे रिश्ता करवा दिया,मरणासन्न पिता को,सिवाय दुखी करने के लिए बताती भी क्या'

धीरेंद्र के उग्र स्वभाव के कारण सगों तक ने भी उससे रिश्ता तोड़ रखा था.अपना कोई नहीं जो उसके साथ मिलकर धीरेंद्र को ज़बरदस्ती कर उसके इलाज करवाने में मदद करता. उसके मायके वालों से तो उसकी खास नफरत थी.स्वयं तो हर कोशिश करके देख ली,मगर धीरेंद्र इलाज कराने के लिए किसी तरह भी तैयार न हुआ. किसी ने कहा बच्चे होने पर इसका गुस्सा कम हो जाएगा,फिर कहा गया उम्र ढलेगी तो ठीक हो जाएगा.पर ऐसा कुछ नहीं हुआ. दिन पर दिन उसके हाल बदतर होते गये.आज बाइस चौबीस साल के उनके युवा बच्चे,भी अब पिता धीरेंद्र के हथकंडों के कारण शर्म और बेइज़्ज़ती से त्रस्त हो चले थे.वे सुमेधा को ही इन सबके लिए जब तब दोषी ठहराते कि,

"उन्हें क्या कहें वो तो हैं ही एब्नार्मल,आपने उन्हें छोड़ा क्यों नहीं?"

"हमारे बारे में आपने क्यों नहीं सोचा? किसी पागलखाने क्यों नहीं भेजा इन्हें?

"...बाप ऐसा है इसलिए ये प्रश्न है तुम्हारा,पर यदि तुम्हारा कोई भाई या बहन ऐसा होता तब भी तुम सब यही प्रश्न करते?"सुमेधा के प्रति प्रश्न का उनके पास कभी कोई उत्तर न होता."हमेशा की तरह कुछ देर एक मौन ही पसर जाता......

"पहले पढ़ाई खत्म कर जॉब में लग जाओ, फिर हम मिलकर इलाज करवाएंगे.ज़ोर देने के लिए लग कर इलाज करवाने के लिए साथ चाहिए था हमें ....वह पूरे पागल नहीं, ... शायद ठीक हो सकते हैं धीरेंद्र."

सुमेधा के प्रति प्रश्न 'यदि..' के साथ उसकी आँखों का चमकता अपराजित आत्मविश्वास, सदैव की भांति आज भी उन बच्चों को उत्तर की बजाय प्रेरणा दे, उनके उद्वेलित मन प्रश्न को शांत कर गया था.....

'हम स्त्री हिन्दुस्तानी'

हम स्त्री हिन्दुस्तानी
कर्तव्य निभाये सारे,
अपने वो हँसते हँसते,
उम्र तजुर्बे की सुफ़ैदी
चाँदी सी है चमकानी.
अब तो चलते चलते,
करना चाहूँ अपनी
पसंद,कुछ मनमानी.
हम स्त्री.
ऐ समाज रहना ज़रा
नारी संकल्प से हटके,
परिवार समर्पित रही
अब निजजग की ठानी
जिस धरा पर जन्मी
उस धरा के लिये हमें,
कीमत भी है चुकानी.
हम स्त्री.

'आज क नारी'

जब कदम उठे तो चलते रहेंअब कदम तो रुक ना पायेंगे,
हम मंज़िलें पार करेंगे,पहाड़ कितने हों तोड़ गिराएंगे।
जब....
लक्ष्यों पर हम सधी रहे, कर्तव्यों पर हम डटी रहें,
समाज आधार शिला,भविष्य निर्मातृ भूमिका सजाएंगे,
चुनौती को मशाल बना नित परिचय कौशल से कराएंगे।
जब....
आंखों में हैं ऊँचे सपने,हम गगन भेद भी उड़ के चलें,
माँबहनबेटी रूप ही नहीं,पद गौरव सम्मान दिखायेंगे,
प्रबंधन, संचालन, शासन हर क्षेत्र में योग्य हम छायेंगे।
जब....
संघर्षशील साहसी हम,संवेदनशील इंसा भी हम,
अन्याय के आगे झुके नहीं, सक्षम बल नारी समझाएंगे।
शिव शक्ति अखण्ड पहचान अपनी दुनिया को बताएंगे।

भानुश्री सोनी तेजस्विनी

पता : गंगा विहार कालोनी सिरसी मोड़, जयपुर, राजस्थान

पदः सहायक व्याख्याता

पिता का नामः श्री किशन लाल सोनी

बलात्कार

(एक अनकही आह.... जो किसी ने
नहीं सुनी)

एक वज्र गिरा फिर से कही,
फिर से किसी का सपना चकनाचूर हुआ,
फिर से ममता निसंतान हुई
प्रश्न यहीं हैं, यह हुआ तो आखिर
क्यूँ हुआ??
देखो! एक आत्मा चीख पुकार रही है,
सुनसान डगर पर देहातों के,
या मानवता अब मर गयी है यहाँ
आदमी वहशी बना, बिना जज्बातों के।।
क्या था, क्या होगा बस एक जिद्द ही तो थी,
और टूटे किसी के सपने सभी,
जबरदस्ती की आग में,
एक -एक सांस ने दम तोड़ा,
जब छोड़ा तो मुर्दा छोड़ा,
और खत्म हो गयी दुनिया कहीं।
केवल उसकी नहीं जो शिकार थी,

घर, परिवार, ममता, उम्मीदें और एक शख्स,
जिसकी कमी शायद ही कोई भर पाये,
सबका खून बहा था यहाँ।।
शर्म आती हैं आज मुझे
मानव को मानव कहने में,
एक आत्मा जब तड़प रही थी तब,
क्यों ज़मीर तुम्हारा ना जाग पाया,
देखने वाले भी दो लोग ही तो थे
एक जिसने यह नियति बनाई थी
दूसरा था वो जिसपर हैवानियत
छायी थी,
वो तो मशगूल था अपने कर्म में
तू बदल भी सकता था नियति अपनी,
तुझ से यही दुहाई थी,
हो अंत ऐसा, तो सुन ऐ रब
बेटी बनाना तू बंद करदें
जिससे घर की आबरू नीलाम ना हो,
अब कोई बेटी बदनाम ना हो।
खून होता है विश्वास का,
पतन होता है समाज का,
आत्मा अंदर तक कांप उठती है
जब होता हैं, बलात्कार किसी का
फिर बदनामी फैलाने वालों
उस दर्द को भला तुम क्या जानो
ये तो जानता वही है,
जिसने झेला है, अपने ऊपर आघातों को,

यह जानेगा वही जो झेलेगा,
अपने स्नेहपात्र के लिए,
मार कर अपने जज्बातों को।
आप कहते रहना, देखते रहना,
चुप रहना मूक दर्शक बन कर,
तब तक....
जब तक तबाही ना हो जाये
तुम्हारे घर में भी।।

अनामिका श्रीवास्तव

पता - जुग्गौर,चिनहट, लखनऊ

शिक्षा - स्नातक तृतीय वर्ष की छात्रा

अंतर्राष्ट्रीय जूनो अवॉर्डी

नारी की गरिमा

नारी तेरी गरिमा की महिमा अपार है,
जिसे समझ न पाया,
ये अत्याचारी संसार है।
तुझे चूल्हे तक ही रखने में,
यह संसार जीतता है।
तुझ पर अत्याचार करके ही,
ख़ुद को बलवान समझता है।
प्रकृति तेरी लीला है न्यारी,
जो बनाई है तूने, ये रचना है प्यारी।
बलशाली भी है,शक्तिशाली भी है,
पर विनम्रशील रहती है,
दुनियां वालो कोई और नहीं, वो नारी है।
हर रोज ग़म का घूंट पीकर,
सारे दुखों को सहकर,
आंसुओं की धाराएं समेट कर,
वो हर रोज मुस्कुराती है।
रावण की लंका में रहकर भी,
जब पवित्र सीता वापस आती है।

उसे कलंकिनी कहने को,
दुनिया तैयार खड़ी रहती है।
पवित्र स्त्री सीता से भी,
बार बार अग्नि परीक्षा देने को कहती है।
हे दिक्कार तुझ पर कि, तू मानव है।
मानव होकर भी तू मानव को न समझा।
क्या सच में तू एक मानव है?

शहनाज़ खान

शिक्षा - स्नातक, बी.एड

पताः गुरुग्राम

नारी की महत्ता

ईश्वर की सर्वोत्तम रचना एक नारी के रुप में इस विश्व को मिली है। नारी मानव जाति की जननी है जो त्याग व सहनशीलता की देवी कही जाती है। यह सत्य भी है। नारी ममता व समर्पण से पूर्ण देवी है जिसके ह्रदय में प्रेम-प्यार का सागर हिलोरें लेता है। विवाह के बाद स्त्री को पत्नी, अर्धांगिनी, लुगाई, बीवी, धर्मपत्नी, घरवाली, संगिनी, औरत, कलत्र, कांता आदि नामों से भी पुकारते हैं। इसके अतिरिक्त आप स्वयं देखिए कि जब किसी परिवार में बेटी जन्म लेती है पुत्री कहलाती है। भाई की बहन होती है, अपने भाई के बच्चों की बुआ बनती है। बहन के बच्चों की मौसी और जीजा की साली बनती है। शादी के बाद पत्नी, बहू, भाभी, चाची, ताई आदि कहलाती है। एक स्त्री अनेक रिश्तों में बंधकर अपने कर्तव्यों को पूरा करती है।

हमारे देश भारत की सभ्यता व संस्कृति में नदियों को पूजा जाता है मिट्टी से तिलक लगाकर उसे भारत माता कहा जाता है। फिर स्त्री भी सम्मान के योग्य है उसे भी सम्मानित दृष्टि से देखा जाना चाहिए।

कन्या जन्म पर "घर में लक्ष्मी आई है" बोला जाता है और कंजक पूजन में कन्याओं की पूजा कर उन्हें उपहार स्वरूप चुनरी, फल, भोजन, गहने, पैसे आदि अर्थात अपनी सामर्थ्य के अनुसार ये सब सामान दिया जाता है।

एक स्त्री की महत्ता का यदि बखान करें तो शब्द कम पड़ जाएंगे परंतु हम फिर भी उसके गुणों को नहीं लिख पाएंगे।

विवाह के बाद दो घरों के मान सम्मान को बढ़ाती है दो परिवारों का ध्यान रखती हैं।

ससुराल में यदि बेटी खुश नहीं है फिर भी मायके में अपना दर्द नहीं बताना चाहती कि कहीं उसके माता-पिता को सुनकर कष्ट न हो। संतान जन्म के समय अत्यधिक पीड़ा को झेलकर नारी यह साबित कर देती है कि वह ताकत में कहीं भी पुरुष से कम नहीं है क्योंकि संतान को जन्म देना इतना कष्टकारी होता है कि नारी को नया जीवन मिलता है।

भारत में कई महान महिलाएं हुई हैं.....

प्रथम महिला राष्ट्रपतिः प्रतिभा पाटिल

प्रथम महिला प्रधानमंत्रीः इंदिरा गांधी

प्रथम महिला राज्यपालः सरोजिनी नायडू

प्रथम महिला मुख्यमंत्रीः सुचेता कृपलानी

भारत की पहली महिला डॉक्टरः

डॉ॰ रखमाबाई

वेस्टर्न मेडिसिन में डिग्री हासिल करने वाली भारत की पहली महिलाः आनंदीबाई जोशी

औरतों के हक के लिए आवाज़ उठाने वाली पहली नारीवादी लेखिकाः ताराबाई शिंदे

भारत की सत्ता संभालने वाली पहली महिलाः रज़िया सुल्तान

अपनी सूझ-बूझ से शांति और समृद्धि लाने वाली रानीः अहिल्याबाई होल्कर

भारत की पहली महिला स्वतंत्रता सेनानियों में से एकः बेगम हज़रत महल

रानी लक्ष्मी बाई और रानी चेनम्मा ने

अंग्रेज़ों से लड़ते हुए अपनी जान तक की परवाह नहीं की।

सरोजिनी नायडूः सरोजिनी नायडू ने देश की आज़ादी के बाद भी सेवा की।

आज स्त्री प्रत्येक क्षेत्र में अपनी उपस्थिति दर्ज कर रही हैं।

ऐसे में भी अगर यह कहा जाए कि स्त्री पुरूषों से कम है तो बहुत निंदनीय बात होगी। 'यत्र नार्यस्तु पूज्यन्ते, रमन्ते तत्र देवताः' का मतलब है, 'जहां स्त्रियों की पूजा होती है, वहां देवता निवास करते हैं'।

स्त्रियों का सम्मान हर जाति धर्म में होना चाहिए परंतु आजकल के वातावरण को देखते हुए स्त्रियां सुरक्षित नहीं हैं। उनपर दरिंदों की गंदी दृष्टि पड़ चुकी है। कुछ वर्षों पूर्व हुई निर्भया और हाल ही की कोलकाता में घटित घटना ने एक बार फिर से नारी सुरक्षा पर प्रश्न

चिन्ह लगा दिया है। युवती की तो बात ही क्या करें यहां छोटी बच्चियां और 80 साल की वृद्धा तक सुरक्षित नहीं हैं।

एक पुरुष यह कैसे भूल जाता है कि उसका जन्म एक स्त्री ही से हुआ है फिर भी उसको मसलने का प्रयास कर क्या साबित करना चाहता है? आए दिन छेड़छाड़ व बलात्कार की घटनाएं नारी के आगे बढ़ते कदमों को रोकने का प्रयास करती हैं परंतु फिर भी स्त्री हिम्मत दिखाकर आगे बढ़ने का प्रयास करती है। अपने लिए मार्ग बनाती है और राक्षसों से बचते बचाते वो मंज़िल हासिल करती है जो वह पाना चाहती है।

नारी शक्ति है सम्मान है,
गौरव और अभिमान है।
रचित धरती नारी ही से
नारी सृष्टि पर महान है।।

समाज, देश व प्रत्येक क्षेत्र में नारी का सम्मान किया जाना चाहिए। उसकी ममता की महत्ता को समझकर उसे भी स्नेह व प्रेम दिया जाना चाहिए। नारी के बिना इस धरती की कल्पना करना असंभव है। जब तक धरती पर स्त्री है तब तक यह धरती हरी भरी है अन्यथा बिना स्त्री के कुछ भी संभव नहीं है। उदाहरण के रूप में यदि आप किसी ऐसे घर को देखें जहां स्त्रियां रहती हैं और दूसरी ओर ऐसे घर को देखें जहां स्त्रियां नहीं हैं अंतर स्वयं ही आपको देखने को मिल जाएगा। इसलिए प्रत्येक स्त्री का सम्मान करें वह भगवान की बनाई सबसे सुंदर कृति है जो अपनी ममता व स्नेह से समस्त विश्व का कल्याण करती है।

मोहनलाल भन्साली "कलाकार"

गंगाशहर, बीकानेर, राजस्थान!

!! नारी शक्ति !!

नारी शक्ति को कमजोर आंकने वाले समाज कंटको को यह याद रखना चाहिए कि नारी तो वो शक्ति है जो अपनी मायाशक्ति से बड़े बड़े राक्षसों का वरण कर लेती हैं। जरुरत पड़ने पर नारी चंडिका का रुप धारण कर बड़े बड़े सुरखां को धुल चटा देती हैं। नारी तो जननी है। नारी मां को कन्या,भाई को बहन और पति को पत्नी जैसे अनेकानेक स्वरुपों में अपने आपको न्योछावर कर जगत का कल्याण करती है। नारी तो घर को स्वर्ग बना देती है। नारी तो संस्कारों की मीनार है। नारी तो इंसान को इंसान बना देती है। नारी के आंचल में ममता का सागर है उसी ममता से वह नास्तिक को आस्तिक बना सकती है।

हमें श्रीराम, रहीम, कृष्ण, बुद्ध, महावीर, गुरुनानक, संत कबीर, विवेकानंद, गुरुदेव तुलसी व आचार्य महाप्रज्ञ जैसे महान् दार्शनिक आदि महातपस्वी संत शिरोमणी का आध्यात्मिक साम्राज्य देने वाली जगत पूजनीया मां देवी शक्ति स्वरूपा! भोली भाली अनपढ़ नारी वह भी नारीशक्ति ही थी।

करुणा की देवी नारी! यदि रोद्ररुप धारण कर लें तो सर्व व्यापी त्राहिमाम त्राहिमाम से असाध्य का वातावरण पुष्ट हो जाएगा।

इतिहास साक्षी है वनवासी, शीलवती नारी को "अबला के समान तुच्छ नारी समझ बैठा" और नारी के चक्रव्यूह में उलझकर त्रिलोकीनाथ, महापंडितों का महाज्ञानी कहलाने वाला लंकापति महाराजा रावण भी अपने कुल के विनाश का कारण बना।

वर्तमान परिप्रेक्ष्य में दृष्टिपात करें तो कल तक पुरुष प्रधान, असहिष्णु समाज, दहेज के प्रलोभी "नारी को कमजोर समझकर" नारी की सहनशीलता की अहवेलना करते थे, नारी

को उत्पीड़ित करते थे। किन्तु आज बदलते परिवेश में जो विवेकशील समाज नारी की सहिष्णुता का महिमा मंडन करते है, जो शिक्षित व जागृत नारी का सम्मान करते हैं तथा घर की बहू को लक्ष्मी के रुप में सम्मानित करते हैं और बहू और बेटी को समाज व परिवार में बहुमान देते हैं वही समाज, वही गौरवान्वित कुल और वही परिवार सुख और समृद्धि के पात्र बनते हैं।

यह है शीलवर्ती नारी की अद्भुत महाशक्ति!

आज यह बदलाव का अमूर्त चिन्तन चहुंओर मुखरित हो रहा है, तो वह भी नारीशक्ति का ही परिणाम है। जो कि स्वागत योग्य है।

नारी ही सुसंस्कारों के बीजारोपण में सक्षम है। समाज व राष्ट्र पर ही नहीं अपितु संपूर्ण मानव जाति पर नारी का यह बहुत बड़ा उपकार है। इसलिए तो आज हम नैतिक समाज निर्माण की कल्पनाओं को साकार रूप प्रदान करने की दिशा में गतिशील है। अन्यथा हम तो क्या हमारे शीर्ष नेतृत्व के लिए भी नैतिक समाज निर्माण की कल्पना को संजोना नामुमकिन हो जाता। वर्तमान परिदृश्य में भावी पीढ़ी के उज्जवल भविष्य के लिए सामाजिक व राष्ट्रीय स्तर पर नैतिक मूल्यों की स्थापना में हमें हमारी "नारीशक्ति" की सहभागिता सदैव अपेक्षित है।

हालांकि यह सुखद संवाद है कि हमारी सरकारें भी कठोर कानूनी कार्रवाई के द्वारा हैवानियतों को अतिशीघ्र सजाएं दिलाने के लिए प्रयासरत है। उसके बावजूद आज भी असंवेदनशील और तुच्छ स्वार्थवृत्ति बाहुबलियों के सरंक्षण में कलियुगी रावण और अहिरावणों के द्वारा नारी जाति को अपमानित किया जा रहा है। तथाकथित नारी का शोषण किया जा रहा है। लम्बे लम्बे समय के अंतराल तक नारी का बलात्कार या सामुहिक बलात्कार करके वे अहंकारी रावणवृति के पथगामी स्वयं अपने कुकर्मों से "नारायणी स्वरूपा नारी की बद-दुआवों" का शिकारी बनकर अपने व अपने सहयोगी बाहुबलियों के लिए विध्वंसता को निमंत्रण दे रहे हैं।

भविष्य में ऐसी विध्वंसकारी प्रवृत्तियों के रोकथाम के लिए वर्तमान शिक्षा पद्धति में आमूलचूल परिवर्तन करना चाहिए। और नौनिहालों के सर्वांगीण विकास में बाल्यकाल से ही बहन - बेटियों के प्रति नारी के चरित्र के सम्मान की भावनाओं को जागृत करना चाहिए।

और व्यसनमुक्त एवं अर्थाजन की नवीनतम नव तकनीकी शिक्षाओं के साथ साथ विज्ञान और अध्यात्म मिश्रित संस्कारित शिक्षा में ऋषि मुनियों द्वारा प्रतिपादित असाधारण भारतीय संस्कृति की परम्पराओं से रुबरू कराना चाहिए। ताकि हमारी भावी वंशावली बहुमान से पीढ़ी-दर-पीढ़ी संस्कारों से ओत-प्रोत होकर आदर्श नारीशक्ति को "देवी की प्रतिछाया" समझें और नारी का सम्मान करें और अपने जीवन का उत्तरोत्तर विकास करते हुए "कुल गौरव" कहलाएं।

!!ऊं अर्हंम्!!

!!आदर्श नारी को सादर समर्पित!!

वीणा मेदनी

बेंगलूरु

शिक्षा - एम. ए (मनोविज्ञान), काउंसेलिंग स्किल में डिप्लोमा

मोबाइल नंबर - 8296041513

सिलवटों के दायरे

चादर पर पड़े सिलवटों को मिटाया जा सकता है परंतु जिंदगी में पड़े सिलवटों को कैसे झुठलाया जाए? हर लम्हों की यादें कमबख्त ताजी हो उठी। जब रमेश ने यह ताना मारा।

"तुम किसी काम की नहीं, तुमने आज तक कोई अच्छा कार्य किया है।"

"मुझे तो ऊँची आवाज में बोलने का भी हक नहीं।" मैंने बस इतना ही कहा था कि वह बरस पड़े।

"देखो बहस मत करो, तुमसे एक आदमी की नीयत भी नहीं जानी गई, वह कौन है? क्या करने आया था? क्या चाहिए उसे? यहाँ क्यों आया था? वगैरा-वगैरा। पर तुमने कुछ जानकारी नहीं ली। बस नाम पता पूछ कर बैठा कर, चाय पिलाकर विदा कर दिया।"

"..........." चुपचाप उनकी बातों को सहन करती रही।

"बोलो नैना, चुप क्यों हो?"

रमेश गरज उठा।

"उसने अपने आपको, आपका दोस्त बताया था।" मैंने धीरे से कह दिया।

"तो गलती मेरी है। मैंने तुम्हें अपने दोस्त का नाम पता नहीं दिया था? है ना?" वह फिर व्यंगात्मक ढंग से बोले। मैं अपमान का घूँट पीकर रह गई।

"तुम जैसी जाहिल से बेकार ही उलझ रहा हूँ। कहकर रमेश चला गया और मैं (नैना) रमेश के लिए चाय बनाने रसोई घर में चली गई।

मैं ख्यालों में गुम हो गई। जिंदगी के हर मोड़ पर ऐसे गम के बादल घिरे मिलते थे। हर दौर के परतों पर सिलवटें पड़ती रही, मैं बस इन्हीं दायरों में सिमटी रही। मैं क्या थी और

क्या बन गई। एक स्वतंत्र- स्वच्छंद आकाश में उड़ने वाली चंचल चितवन नारी थी किंतु आज एक बंधक गृहणी, दो उद्दंड बेटों की माँ। जिम्मेदारियों के बोझ ने मेरे सर को झुका दिया था। मैं हर किसी के आगे नतमस्तक होने को आदि हो चुकी थी।

एक प्रश्न मैं बराबर अपने आप से पूछती रही, जो मेरे लिए सही होता है वह अन्य के लिए क्यों गलत होता है? कोई भी मुझसे सहमत क्यों नहीं होता? क्या वाकई मेरी ही सोच गलत है? सिलवटें अनेक हैं और उसके दायरे भी विस्तृत हैं। शरीर के घाव को मिटा सकती हूँ परंतु हृदय के घाव को कैसे मिटाया जाए। तभी रमेश की आवाज ने मेरी तंद्रा तोड़ी।

" नैना चाय लाई कि नहीं?"

" अभी लाती हूँ। " मैंने शांत स्वर में कहा।

चाय देकर मैं भूतकाल में विचरने लगी। एक समय था जब मैं हँसमुख - चंचल थी और वह समय था तो बचपन का। जैसे-जैसे बड़ी हुई सीखने के दौरान कई नकारात्मक घटनाएँ घटित हुई। दसवीं कक्षा में जब मैं थी तब मुझे पहले सिलवट का आभास हुआ। जब सहेलियां मेरी हर बात को शुरू करने से पहले ही काट देती और अपनी मनमानी करती थी। मैं बस चुपचाप उनकी बातें सुनती ही रह जाती थी। एक बार मैंने बस कह क्या दिया कि पढ़ने का मन नहीं करता। फिर क्या था, सहेलियों द्वारा खबर टीचर फिर टीचर से प्रिंसिपल के पास चला गया। फिर क्या था मुझे तुच्छ दृष्टि से देखा जाने लगा। बात - बात पर मुझसे सवाल पूछे जाते और जवाब नहीं देने की सूरत में डाँट पड़ती। कभी खड़ा तो कभी क्लास से बाहर जाना पड़ता था। दिल पर गहरे निशान पढ़ते रहे।

कॉलेज में मुझको नया माहौल मिला। परंतु मेरा आत्मविश्वास कमजोर हो गया था। यहाँ कई लोग मुझे पसंद करते थे परंतु मैं नजरे भी नहीं मिला पाती थी। दिल के अरमान अंदर ही घुट कर रह गए थे। चाह कर भी उनके प्रेम को सहमति प्रदान न कर सकी और एक दिन रमेश मुझे (नैना को) ब्याह कर ले आया। मेरा समर्पण ही रमेश को भाया था। अब मेरे सिलवटो भरी जिंदगी की शुरुआत हुई, इसके दायरे में मैं आज भी घिरी हुई हूँ। नींव तो बहुत पहले ही पड़ चुकी थी परंतु इमारत शादी के बाद बनी।

खैर... मेरी सहनशक्ति ही थी जो मेरी गृहस्थी को सुचारू रूप से चला रही थी।

अगले दिन वह पहले वाला व्यक्ति, जिसकी नीयत जानने की बात चल रही थी, फिर

आया। इस बार मैंने उसे आड़े हाथों लिया।

" कौन हो तुम ?" मैंने सवाल पूछा

"मैं रमेश का दोस्त हूँ। "

" मदन नाम का कोई दोस्त उनका नहीं है। " मैंने उसे झाड़ दिया।

" मैं बचपन का दोस्त हूँ। "

" बचपन के दोस्त क्या ऐसे होते हैं, बस मुँह उठाए और चले आए। पहले फोन करके पता लगा लेना चाहिए कि दोस्त घर में है कि नहीं ? मैंने अपनी सहेलियों की खता का जवाब इसको दे दिया। आज मुझे अपने आप पर गर्व महसूस हो रहा था। मैंने सारी सिलवटों से भरे दर्द को उस पर उतार दिया। उसे भला बुरा कह कर मुझे बड़ा ही सुकून मिल रहा था। मैं जितना ही गरज रही थी, उतना ही वह दुबक रहा था। शायद मेरा लिहाज कर रहा था। वह थोड़ी देर में चला गया। मैं शेरनी बन चुकी थी। पतिदेव घर आए।

"कैसा दिन बीता ?" रमेश ने मुझसे पूछा।

"वह मदन फिर आया था। " मैंने बताना शुरू ही किया था कि वह गरज पड़ें।

"तुमने उसे घर में घुसने क्यों दिया ?"

"उसकी नीयत रोड पर खड़े हो जानती ?" मैंने भी चिल्ला दिया। वह मेरा बदला रूप देखकर हैरान हो गए।

" तुम चिल्ला क्यों रही हो ?" रमेश गुस्से में बोला।

"मैं कोई भेड़, बकरी या बंधक मजदूर नहीं कि तुम मनमानी करते रहो और मैं सहती रहूँ। मेरा भी आत्म सम्मान है। " मैंने अपने शब्दों पर जोर देते हुए कहा।

"यह बिगड़ा हुआ रूप किसे दिखा रही हो ?" रमेश गुस्से में बोला।

"यही रूप शक्ति स्वरूपा नारी का होता है। "

" नारी तो समर्पण की देवी होती है। "

" हाँ, होती है परंतु अन्याय के लिए शस्त्र भी उठा लेती है। "

"तुम कहना क्या चाहती हो ?"

" मेरा शोषण करना बंद करो। "

" मतलब ?"

"मतलब यह कि मेरे हर क्रियाकलाप पर नजर रखने की जरूरत नहीं। हर कार्य को प्रश्न सूचक रूप से देखने की जरूरत नहीं। मुझे मान सम्मान दो मैं कोई बंधक मजदूर नहीं कि मैं अपने हर क्रियाकलापों के प्रति जवाब देही हूँ। " मैंने विस्तार से समझा दिया। रमेश नैना के बदले तेवर देख डर गया और शांत चित्त हो चला गया।

मैं आत्मविश्वास बढ़ाती रसोई घर की तरफ चल दी परंतु आज मुझे अपने ऊपर नाज था। मैंने अपनी खोई चंचलता वापस पा लिया। सिलवटों को मिटाने का इरेज़र प्राप्त हुआ, ऐसा प्रतीत होता महसूस हो रहा था। आज न जाने कितने सालों बाद मैं गुनगुना रही थी। सिलवटें मिट तो नहीं सकते थे परंतु दायरे सीमित होने लगे थे।

Sohini Ghosh

West Bengal

Kolkata

Her life...

A life that was hers,
stitched in warmth and laughter,
torn in a vulnerable way, violently unravelled
by hands that had no right to touch
that tore through her skin, her soul,
leaving her innocence
scattered in pieces too jagged to reclaim.

They left marks that don't fade,
but don't show
etched into her bones,
imprinted beneath the surface,
where no one bothers to look.
Her mind now a crimson
A body full of wounds that won't heal,
and there is no ointment for the tremendous pain
that lingers after the hands leave.

What she once knew of herself
the girl who smiled without hesitation,
who laughed with a heart full of joy
who trusted the world
was stripped away,
shattered like glass,
her reflection forever changed,
as if the mirror knew her truth
and refused to lie.

No, she wasn't taken softly,
she was ripped apart,
piece by bloody piece,
until nothing familiar remained.
They didn't just take her body,
they stole her breath,
her ability to see herself
without the shadow of their violence
looming over every memory,
over every future day she wakes.

And when she tried to scream,
her voice stuck,
caught somewhere between her ribs
and the weight of their sin.
Her silence became her prison,

a lock without a key,
because the world doesn't listen
to the voices of those it has already broken.

She walks like a ghost of who she once was
the light in her eyes dimmed
by the endless nights spent reliving
the nightmare she couldn't escape.
Her hands tremble, not just from fear,
but from the rage of being reduced
to something less than human,
as if her worth was tied to the innocence
they stripped away.

Story of a girl

Her innocence was ripped away,
not like a page torn from a book,
but shredded,irretrievable, mangled
into pieces too small for memory to hold.
It wasn't just taken,
it was snatched violently,
like the breath from her lungs in a moment of sheer terror,
leaving nothing but emptiness in its place,
a void too dark to name.
Her childhood was left on the floor,
like discarded clothes after the act,
a cruel reminder of what she could never reclaim.
Eyes that once sparkled now held only shadows,
vacant, as if the light had been punched out of her soul.
She felt herself shrink
smaller with each memory,
as if her skin couldn't contain the load of what had been done.
Every night, the darkness crept in,
not the quiet dark of sleep,
but a thick oppressive weight,
pressing against her mind,
dragging her back to a place
where her screams went unheard,
her no's became whispers,
and her body was no longer her own.

They left her hollow,
a shell of who she once was—
robbed of her right to say no,
her right to exist without fear.
Her innocence became a distant memory,
tainted by the touch of hands
that didn't know mercy,
fingers that explored her pain
as if it were their entitlement.
Her body became a battlefield
her mind the war zone,
the violence replaying in every glance,
every touch, every look that lingered too long.
The world became unsafe,
everywhere a threat,
and she wore that terror like a second skin,
heavy with the knowledge that there was no escape,
that innocence wasn't lost but obliterated.
She no longer belonged to herself
a face she could no longer recognize.
Where once there was hope,
now only hollow eyes stared back,
a girl who once dreamed, now drowning
in nightmares she couldn't escape.

मोनिका यादव

रेवाड़ी हरियाणा

पति का नाम - मनीष कुमार , एडवोकेट

ई मेल - monikayadav101@gmail.com

नारी तुम नारायणी हो

नारी तुम नारायणी हो
दुर्गा हो तुम काली हो
लक्ष्मी का अवतार हो तुम
घात लगाये बैठे दरिंदे
उन पर तुम हुंकार भरो
टूट पड़ो तुम बनके काली
ऐसा तुम संहार करो

अगर समझो तो वीणा वादनी
वरना अड़िग चट्टान हो तुम
झाँसीं जैसी वीरांगना
सीता जैसी महान हो तुम

तुम ही शक्ति तुम ही भक्ति
बसा है वेद पुराण तुझ में
ममत्व की ख़ान हो तुम
धरा जैसी महान हो तुम
तेरा समर्पण है निराला

बर्माण्ड का मान हो तुम

फूलो जैसी कोमलता तुझ में
काटो जो सीना चीरना जाने
दुर्गा जैसी शक्ति तेरी
गौरा जैसी भक्ति तेरी
हर कण कण में तू विद्यमान है

नारी है प्रथम गुरु में पूज्य
गुणों की तुम ख़ान है
पड़े जब विपदा भारी
लहरों में उठता तूफ़ान हो तुम
तू ही भाग्य तू ही विधाता
तुम ही जगत का सार हो
नारी तुम नारायणी
तेरी महीना अपरम्पार है

प्रतिभा इन्दु

भिवाड़ी राजस्थान से

शिक्षा-एम .ए हिन्दी साहित्य बी .एड शोधकार्य अपूर्ण

मोबाइल नंबर -7976093141

तलवार उठाना होगा

दिव्य-नियति की सूक्ष्म कल्पना,
जब-जब अकुलाती है,
धरकर बेटी का स्वरूप वह,
धरती पर आती है।
चंचल हिरनी सी हंसती है,
प्रेम - सुधा बरसाती,
आंगन की शोभा होती वह
घर को स्वर्ग बनाती।
बेटी के आने से घर में,
रौनक छा जाती है,
सकल सिद्धियाँ चलकर घर के,
अंदर आ जाती हैं।
प्यार लुटाती रहती निशि दिन,
आ सूरज की किरणें,
उसकी पायल की रुनझुन सुन,
बहते निर्झर झरनें।
धरती पर चंचल बहती वह,
शुचि गंगा की धारा,

पापा के आँखों का तारा,
करती घर उजियारा।
तप्त-भूमि पर श्याम घटा बन,
रिमझिम जल बरसाती,
कभी बहन बनकर बेटी,
राखी की रश्म निभाती।
हुई सयानी पर-घर जाकर,
वह पत्नी बन जाती,
नई सृष्टि को जीवन देकर,
इस धरती पर लाती।
मौन साध वो सब कुछ सहती,
कभी न कुछ कहती है,
नारी के ही कारण जग में,
नई सृष्टि हंसती है।
लगता जैसे उसको सुख का,
कोई नहीं जरूरत,
त्याग, तपस्या, कुर्बानी की,
नारी अद्भुत मूरत।
लेकिन नारी की खातिर आ,
गया समय अति भारी,
आज दमन की चक्की में,
पिस रही रोज क्यों नारी?
घर में बैठे हैं दहेज के,
लोभी, अत्याचारी,
कुछ सिक्के के लिए जलाई,
जाती है सुकुमारी।

घर की व्यथा कहे कितना,
बाहर भी जाना मुश्किल,
गली - गली, चौराहे पर है,
नजर गड़ाये कातिल।
बदल गया है यह समाज,
कामुकता उस पर भारी,
कहीं सुरक्षित आज नहीं,
घर हो या बाहर नारी।
शिक्षालय हो या देवालय,
या मस्जिद, गुरुद्वारा,
हर कोने में आज हवश का,
दहक रहा अंगारा।
हर रिश्ते में आग लगी,
सारा समाज है नंगा,
दुराचार, कामुकता की, हो-
रही प्रवाहित गंगा।
सोया है सारा समाज अब,
उसे जगाना होगा,
इस विकृत मन के विकार को,
हमें मिटाना होगा।
चाहे अपने ही पथ में लेकिन,
उनसे लड़ना है,
नारी हो सर्वत्र सुरक्षित वह,
समाज गढ़ना है।
इस गंदी आधुनिकता को मिल,
आज बदलना होगा,

पश्चिम की देखा - देखी से,
हमें निकलना होगा।
महिषासुर का तप्त लहू फिर,
तुझे बहाना होगा,
जागो नारी तुझको अब,
तलवार उठाना होगा।
देख सकल अत्याचारों को,
कब तक मौन रहेगी,
आखिर कब तक नारी बन,
बेचारी व्यथा सहेगी?

सुकर्म 'सिसौली'

पता=मुजफ्फरनगर,उत्तर प्रदेश

शिक्षा=स्नातकोत्तर (हिंदी, शिक्षा शास्त्र)

सम्पर्क सूत्र=8923159025

आख़िर कब तक?

आखिर कब तक ---------?
आंसू बहते रहेंगे-----------!
आखिर कब तक-----------?
गिद्धों जैसे शिकारी----------
और मानव के भेष में नर -पिशाच,
खुले घूमते रहेंगे ये बलात्कारी-----
आखिर कब तक?

मैं कोई प्रश्न नहीं पूछ रहा हूं,
मैं कोई सहज सरल उक्ति नहीं पूछ रहा हूं-----
मैं कोई युक्ति नहीं पूछ रहा हूं------
मैं पूछ रहा हूं--------
ये सीना चौड़ा करने वाली,
मानव जमात -आदम जमात,
चीर हरण करते रहेंगे-------
आखिर कब तक?
औरत को खिलौना समझते रहेंगे----
आखिर कब तक?

आंसू बहते रहेंगे आखिर कब तक?
इन शिकारियों का भी तो शिकार होना चाहिए----
औरत को भी तो अधिकार होना चाहिए------
इनकी नीचता को निर्वस्त्र कर सके,
आत्मरक्षा को शस्त्र उठा सके,
कर सके प्रहार, बन सके रणचंडी,
बजा सके रणभेरी, बन सके चामुंडा,
उडा सके गर्दन------
आखिर कब तक?

रमाशंकर चतुर्वेदी 'आनंद'

मऊरानीपुर (जिला झांसी) उ प्र

नारी नहीं सुरक्षित

हर नारी का मन घायल है,
और ह्रदय में क्रंदन है।।
ममता छोड़ गई है ममता,
सीमा का उल्लंघन है।
नारी को देवी कहना क्या,
कोई कल्पना व्यंजन है।।
हर नारी का मन घायल है,,,,,,,,,
घटनाएं घट जाती हैं,
घडियाली आंसू आते।
कहां गया कानून हमारा,
क्या कोई बंधन है।।
हर नारी का मन घायल है,,,,
शर्मसार हो गई मानवता,
अत्याचारी निडर हुए।
अपराधी पहुंचे संसद में,
कैसा महिमामंडन है।।
हर नारी का मन घायल है,,,,,,,,,,,
बंद करो अब हवा बाजियां,

जिम्मेदारी तय होवै।
मानवता को न्याय मिले,
तब ही जीवन चंदन है।।
हर नारी का मन घायल है,,,,,,,,,,,
सत्ता के लालच में देखो,
शेर लोमड़ी और गधे।
अपराधी प्रतिनिधि सत्ता में,
कैसा यह गठबंधन है।।
हर नारी का मन घायल है,
और हृदय में क्रंदन है।।

रमेश चन्द्र छबीला

सामाजिक आक्रोश पाक्षिक

अम्बाला रोड

सहारनपुर-247001 (उ.प्र.)

उनका घर

सुरेखा ने घड़ी में समय देखा। रात के नौ बज रहे थे। वह जानती कि आज छुट्टी का दिन है और बड़ा बेटा विकास घर पर होगा। वहां डलास शहर (अमरीका) में इस समय दिन के ग्यारह बज रहे होंगे। उसने विकास को फोन मिलाया।

'नमस्ते मम्मी कैसी हो?' उधर से विकास की आवाज सुनाई दी।

'मैं ठीक हूं। तू सुना कैसा है? रीमा और दोनों बच्चे टिंकू-पिंकू कैसे हैं?'

'सब ठीक हैं मम्मी।'

'विकास तेरे पापा का स्वर्गवास हुए छह महीने हो चुके हैं। इन छह महीनों में मैंने तुझे कई बार फोन किये हैं। अब यह मेरा अन्तिम फोन है। तू भी अच्छी तरह जानता है कि मैं यह फोन क्यों कर रही हूं।'

'जानता हूं मम्मी।'

'देख बेटे, जब तक तेरे पापा थे तो मुझे कोई चिन्ता न थी। कैंसर के कारण उनकी बहुत दर्दनाक मृत्यु हुई। वह सरकारी अफसर रहे। रिटायरमेंट के बाद उनको बीमारियों ने घेर लिया था। बहुत कष्ट सहे उन्होंने। उनके चले जाने के बाद मैं बिल्कुल अकेली हो गई हूं। इतने बड़े घर में अकेलापन सहा नहीं जाता। मैं आज तुझसे आखिरी बार पूछ रही हूं कि तू यहां आयेगा या नहीं?'

'मम्मी मैं नहीं आ पाऊंगा। मैं यहां अच्छी तरह सैटल हो गया हूं। बच्चों को भी यहां की नागरिकता मिल चुकी है। इतनी अच्छी नौकरी है। हर सुविधा मिल रही है। इतने साल हो चुके हैं यहां रहते-रहते। रूपये पैसे की कोई कमी नहीं है। वहां पापा सरकारी अफसर रहे।

खूब रूपया, जायदाद बनाई। मुझे आपसे कुछ नहीं चाहिये। आप छोटे भाई विपुल को वहां बुला लो ना। वह भी तो परिवार के साथ ह्यूस्टन शहर (अमरीका) में रह रहा है।'

'मैं उसे भी कई बार कह चुकी हूं। वह भी यही सब कहता है जो तू कह रहा है।'

'मम्मी वहां उस छोटे से शहर में क्या करेंगे आकर? इतने साल हो गये वह शहर पहले जैसा ही है। हर ओर भीड़-भाड़, टूटी-फूटी सड़कें, बिजली-पानी की कमी व बढ़ता प्रदूषण।'

'इस छोटे से शहर की हवा, मिट्टी और पानी से ही तू पल कर बड़ा हुआ। देश में पढ़ाई-लिखाई कर किसी योग्य बना और जब देश की सेवा करने का मौका मिला तो विदेश में जाकर बस गया। भूल गया कि यहां तेरी मम्मी भी है।'

'ठीक है मम्मी! तुम वहां रहो। करोड़ों की जायदाद तुम्हारे पास है, तुम चाहो तो इस आयु में अपना कोई नया जीवन साथी ढूंढ़ सकती हो। हमें कोई एतराज नहीं होगा। इतना धन देखकर तो बहुत रिश्तेदार तुम्हारे पास रहने को तैयार हो जायेंगे। तुम अपना अकेलापन किस तरह दूर करोगी, यह तुम्हारी इच्छा है।' उधर से विकास का स्वर सुनाई पड़ा।

सुरेखा ने फोन का स्विच ऑफ कर दिया। वह बिस्तर पर लेट गई। उसके हृदय पर भारी बोझ सा बढ़ता चला गया। यह बोझ उसके अपने बेटों ने ही दिया था।

सुरेखा की दृष्टि दीवार पर लगे पति शोभित के फोटो पर चली गई। वह एकटक देखती रही। समझ नहीं पा रही थी कि क्या करें? मन ही मन कहने लगी आप तो चले गये मुझे अकेली छोड़कर। दोनों बेटों ने भी मुझे बिल्कुल अकेला कर दिया। अब इस अकेलेपन से कैसे उबर पाऊंगी?'

सुरेखा पुरानी यादों में पहुंचने लगी। उसे याद आ रही थी बीते जीवन की एक-एक घटना....एक कस्बे में उसका परिवार रहता था। मां-पापा और एक छोटा भाई। कस्बे में पापा की परचून की दुकान थी। वह बी.ए. तक पढ़ी थी। वह तो एम. एम. करना चाहती थी, परंतु एक अच्छा रिश्ता आया तो पापा मना नहीं कर सके क्योंकि लड़का एक सरकारी अफसर था। उसका गौरा रंग, तीखे नयन नक्श, छरहरा शरीर देखकर शोभित ने उसे एकदम पसंद कर लिया था। चट मंगनी और पट शादी हो गई।

शोभित का परिवार चन्दनपुर में रहता था। शोभित अपने मम्मी पापा का इकलौता बेटा

था। वह शुरू से ही पढ़ाई में बहुत होशियार रहा। उसके पापा की कपड़े की एक छोटी सी दुकान थी। शोभित एक सरकारी विभाग में अफसर बन गया। शादी के बाद वह ससुराल आ गई। उसने घर का पूरा काम-काज संभाल लिया था।

उसने सारा जीवन कम खर्चा करते हुए सादगी पूर्ण जीवन जिया। वह सदा दिखावे की दुनिया से दूर रही।

पति शोभित का विभिन्न नगरों में तबादला होता रहता था। शादी के बाद पांच वर्षों में वह दो बेटों की मां बन गई। बड़े का नाम रखा गया विकास और छोटे का विपुल। अपने पापा की तरह दोनों बच्चे पढ़ाई में बहुत तेज थे।

अधिकारी बनने के बाद शोभित के पास धन की कमी न रही। उसने गांधी रोड पर एक हजार मीटर का प्लॉट खरीद कर पांच छह कमरों का मकान बनवा लिया था। उस मकान में शोभित के मम्मी व पापा रहने लगे। कभी मन करता तो वह भी कुछ दिन के लिये रहने आ जाती थी।

एक रात शोभित के मम्मी-पापा की ट्रेन दुर्घटना में मृत्यु हो गई थी। वे दोनों तीर्थयात्रा से लौट रहे थे। अब दुकान कौन देखेगा? क्योंकि दोनों बेटे विकास और विपुल अभी पढ़ रहे थे। शोभित भी चाहते थे कि दोनों बेटे पढ़-लिखकर कुछ बन जायें। इसलिये दुकान व पुराने मकान को बेच दिया गया।

कुछ वर्षों में ही दोनों बेटों ने इन्जीनियरिंग कर ली और एक बड़ी कम्पनी में बंगलुरू में नौकरी मिल गई। दोनों की शादी कर दी गई। शादी के बाद दोनों अपनी पत्नी के साथ बंगलुरू में रहने लगे।

कुछ समय बाद कम्पनी ने दोनों को अमरीका भेज दिया। विकास को डलास व विपुल को ह्युस्टन में भेजा। अमरीका में ही दोनों के परिवार बढ़े। विकास के यहां दो बेटों ने जन्म लिया और विपुल के यहां दो बेटियों ने। इतने वर्षों में वह और शोभित केवल दो बाद ही अमरीका अपने बेटों से मिलने गये। उनके परिवार के बीच रहकर बहत अच्छा लगा था।

तब शोभित ने विकास से कहा था, 'भारत कब आ रहे हो?'

'पापा वहां आकर क्या करेंगे? जितने रूपये यहां मिल रहे हैं, इतने तो कोई कम्पनी वहां नहीं देगी और फिर यहां हमें कोई परेशानी नहीं है। हर तरह से मौज ही मौज है। दोनों बच्चों

को भी यहां की नागरिकता मिल चुकी है।'

'मेरे रिटयरमेंट के बाद जब मैं और तुम्हारी मम्मी रह जायेंगे, तब लगेगा कि अपने बच्चों का परिवार भी अपने साथ होना चाहिये।'

'यह सोच पहले जमाने में हुआ करती थी। अरे हां मैं तो भूल ही गया कि आप भी पुराने जमाने के हो। अब तो यहां से छोड़ कर कभी आया नहीं जायेगा।'

यही उत्तर विपुल का था। वह भी अमरीका छोड़कर भारत नहीं आना चाहता था।

शोभित साहित्य प्रेमी थे। घर पर पुस्तकों की लायब्रेरी बना रखी थी।

शोभित ने नौकरी करते समय तीन प्लॉट ले लिये थे। अच्छा खासा बैंक बैलेंस भी हो गया था।

शोभित का रिटायरमेंट हो गया और वह घर पर ही रहने लगे।

एक दिन शोभित सोफे पर पसरे हुए आंखें बंद करके कुछ सोच रहे थे।

उसने शोभित के पास आकर कहा था, 'क्या सोच रहे हो?'

'सोच रहा हूं कि जीवन में बच्चों के लिये बड़ा मकान बनाना बेकार है। हम यह सोचकर बड़ा मकान बनाते हैं कि इसमें हमारे बच्चे हमारे साथ रहेंगे। हमारे बुढ़ापे का सहारा बनेंगे, परंतु ऐसा नहीं हो पाता। मां-पापा से दूर रहना चाहते हैं। वे भूल जाते हैं कि कल उनको सहारे की जरूरत थी जो मां-बाप से मिला और आज मां-बाप को जरूरत है जिसकी ओर से आंखें बन्द कर ली जाती हैं।'

'हां यही तो हो रहा है आजकल। सबसे ज्यादा दुख तो मां-बाप को उस समय होता है जब कोई बेटा यह कह देता है कि आप अपनी जिंदगी जियो और हमें अपनी जिंदगी जीने दो।'

'सुरेखा मैं जानता हूं कि हमारे दोनों बेटों में से कोई यहां नहीं आयेगा। अब हमें उनको यहां आने के लिये कहना भी नहीं है। अब तो हमें हंसी-खुशी बाकी का जीवन कहना होगा। हमें अपनी दिनचर्या में कुछ बदलाव लाने होंगे।'

'हां ठीक कहते हो आप।' उसने कहा था।

इसके बाद दोनों ने ही जीवन में कुछ नये बदलाव कर लिये थे। सुबह जल्दी उठकर पार्क में पहुंचना। भाग-दौड़, योग-व्यायाम आदि करना। दोनों ही तीन-चार सामाजिक संस्थाओं

से भी जुड़ गये। पुस्तकें पढ़ने का शौक तो शोभित को बहुत पहले से था। पत्र-पत्रिकाएं पढ़ते। दोनों ने स्वयं को व्यस्त कर दिया था।

एक दिन अचानक ही एक कार दुर्घटना में शोभित की मृत्यु हो गई।

उसने कभी सपने में भी न सोचा था कि दो बेटों के होते हुए भी उसे ही अपने पति का अन्तिम संस्कार कराना पड़ेगा।

शोक सभा में पांच दिन पहले विकास, विपुल अपनी पत्नी व बच्चों के साथ आ गये थे। उन दोनों के चेहरे पर अपने पापा के चले जाने का जरा भी दुख नहीं था।

ब्रह्म भोज व शोकसभा के बाद रिश्तेदार मेहमान आदि चले गये।

एक रात उसने विकास व विपुल को अपने कमरे में बुलाकर कहा था, 'बेटे, तुम्हारे पापा के जाने के बाद अब मैं बिल्कुल अकेली हो गई हूं। अकेले यह जीवन कैसे काट पाऊंगी। अकेले इतने बड़े घर में कैसे रहूंगी? मैं चाहती हूं तुम दोनों में से कोई भी एक मेरे पास रहे। '

'बहुत कठिन है मम्मी। फिर भी हम इस बारे में विचार कर बता देंगे। ' विकास ने बात को टालते हुए कहा।

एक सप्ताह बाद विकास व विपुल अपने परिवारों के साथ अमरीका लौट गये।

बार-बार शोभित का चेहरा आंखों के आगे आ रहा था। शोभित के बिताये गये जीवन की अनेक घटनाएं सामने आ रही थीं। सारी रात बिना नींद के ही व्यतीत हो गई।

सुबह के पांच बज रहे थे। सुरेखा ने एक अटूट निर्णय लिया। नेत्र नींद से बोझिल होने लगे और वह निश्चिन्त होकर सो गई।

डोर बेल बज रही थी। सुरेखा की आंख खुली। उसने दीवार घड़ी में समय देखा-दस बज रहे थे। गोमती कामवाली आ गई होगी।

उसने उठकर दरवाजा खोला। सामने गोमती ही खड़ी थी।

'नमस्ते मेम साहब, अभी तक सो रही थी। लगता है रात भी नींद नहीं आई। ' गोमती ने कहा। वह जानती थी कि प्रायः ऐसा होता रहता है।

दोपहर खाने के बाद सुरेखा ने अपनी तीन महिला मित्रों को फोन मिलाये और शाम पांच बजे अपने घर आने के लिये कहा कि कुछ जरूरी बात करनी है।

उसकी तीनों महिला मित्र बिमला, सुनयना व रजनी थी। इन सभी से उसका खूब मेल जोल था। सभी उसकी बहुत विश्वसनीय थीं।

उन सभी की स्थिति भी सुरेखा की तरह थी। सभी अपने-अपने घरों में एकाकी जीवन जी रही थी। इनके बच्चे भी विदेशों में नौकरी कर रहे थे। वे भी भारत लौटने को तैयार नहीं थे। बिमला के पति थे जबकि सुनयना व रजनी के पति की कुछ साल पहले मौत हो चुकी थी। तीनों के पास रूपये पैसे की कमी न थी। रहने को बड़ी-बड़ी कोठी थी। तीनों के दुख सुरेखा की तरह थे।

पांच बजे बिमला, सुनयना व रजनी सुरेखा के घर जा पहुंची।

बिमला ने एकदम पूछा, 'कहो सुरेखा क्या बात है?'

'पहले आप चाय-वाय तो पी लो उसके बाद बात करते हैं। ' सुरेखा ने कहा।

वे तीनों बार-बार सुरेखा के चेहरे की ओर देख रही थी।

चाय पीते हुए सुरेखा ने कहा, 'रात मैंने विकास को अमरीका फोन किया था यह जानने के लिये कि वह यहां आ रहा है या नहीं, परंतु उसने साफ मना कर दिया। मैंने भी उसे कह दिया कि वह मेरा अन्तिम फोन है। उसके बाद कभी यहां आने के लिये नहीं कहूंगी।

वे तीनों बहुत ध्यान से सुन रही थी।

सुरेखा ने जो भी बातें हुईं थीं, सारी बता दीं।

रजनी बोल उठी, 'यही तो हमारी समस्या है कि अब हम क्या करें? बच्चे अपने परिवार के साथ विदेशों में मस्त हैं और यहां हम एक-एक दिन किस तरह अकेले काट रहे है, बस हमें ही मालूम है। दिन तो किसी तरह व्यतीत हो जाता है, परंतु रात बहुत लम्बी होती चली जाती है। '

'मैंने कुछ सोचा है। ' सुरेखा ने कहा।

वे तीनों उसके चेहरे को पढ़ने का प्रयत्न करने लगीं।

सुरेखा बोली, 'मैंने सोचा है कि यह मकान व प्लॉट आदि बेचकर एक सीनियर सिटीजन होम का निर्माण कराऊं। जिसमें बीस-तीस कमरे होंगे। भोजन आदि की पूरी व्यवस्था रहेगी। मैं भी उसी में रहूंगी। हम तो अकेलेपन की पीड़ा इसलिये भुगत रहे हैं कि विदेशों में रह रहे हमारे बच्चों ने हमको अकेला कर दिया है। लेकिन हर नगर में ऐसे बुजुर्गों की कमी नहीं है

जिनके बेटे-बहुएं साथ रहते हुए भी उनको बहुत दुखी करते हैं। ' यह सब तो हमने कभी सपने में भी नहीं सोचा था। बहुत नेक व परोपकारी विचार हैं। इसमें हमारी जो भी मदद होगी, मैं करने को तैयार हूं। ' विमला ने कहा।

'और हम भी। ' सुनयना व रजनी एक साथ बोल उठीं।

इस काम में विमला के पति महेन्द्र प्रकाश ने बहुत मदद की। एक बिल्डर उसका जानकार था उससे पूरा प्रोजेक्ट बनाया।

सुरेखा का उनका घर बनाने का सपना पूरा होने में एक साल लग गया।

सुरेखा अपनी दो मित्रों रजनी व सुनयना के साथ वहीं रहने लगी। कुछ माह में ही उनका घर में पांच वृद्ध तथा सात वृद्धायें आ गईं जिनको ऐसे ही आश्रय की जरूरत थी।

उसने एक दिन विशाल को फोन मिलाया तो सुनाई दिया। ' मम्मी कैसी हैं आप? मैंने कई बार आपको फोन मिलाया पर आपने फोन ही नहीं उठाया। आपकी तबीयत तो ठीक है ना?'

'हां मैं बिल्कुल ठीक हूं। मैं तो अपना अकेलापन दूर करने का प्रबन्ध कर रही थी। '

'क्या कोई जीवन साथी मिल गया है?'

'जीवन साथी नहीं पर बहुत साथी मिल गये हैं। अब मेरा बहुत बड़ा परिवार हो गया है।

'क्या मतलब? मैं समझा नहीं?'

'मैंने अपना ही नहीं अनेक लोगों का अकेलापन दूर करने का प्रबन्ध कर दिया है। उनका घर बनाकर। ' कहते हुए सुरेखा ने सब कुछ बता दिया।

'चलो ठीक है मम्मी जैसा आपने किया आपकी इच्छा। ' विकास का उदास स्वर सुनाई दिया।

सुरेखा ने फोन काट दिया। उसके चेहरे पर अकेलेपन की पीड़ा नहीं अपितु भरपूर परिवार मिलने की प्रसन्नता थी।

सविता मिश्रा 'अक्षजा'

फ़्लैट नंबर-302, हिल हॉउस, खंदारी अपार्टमेंट {हनुमान मन्दिर के बगल में} खंदारी, आगरा, {उ. प्र.} पिन-282002

मोबाइलः 09411418621

ससुराल की देहरी

तनुज अपनी बड़ी बहन की शादी के पांच-छ साल बाद उनकी ससुराल आया था। पता चला छठ पूजा के लिए सब पोखर की तरफ गए हैं। वह अपनी बहन से मिलने वहीं जा पहुँचा। छोटे से पोखर में छठ मैया की पूजा करने वालों की भीड़ लगी थी।

हतप्रभ तनुज अपनी बहन को पूजा करते एक टक निहारने लगा। दीदी को ऐसी स्तिथि में भी पूजा में मग्न देखकर वह बरबस ही पुरानी यादों में घिरता जा रहा था। यह वही दीदी हैं, जो कभी भी गंदे पानी में किसी को भी नहाते देखती थीं, तो दस नसीहतें देने लगती थीं। खुद नहाना तो बहुत दूर की बात थी। बुआ जब घर आ जाती थीं तब चप्पल पहनकर रसोई में जाने की मनाही हो जाती थी, तब दीदी रसोई में कदम नहीं रखती थीं। मंदिर के साफ सुथरे फर्श पर भी बिना चप्पल के पैरों को अजीब-सा मोड़कर चलती थीं। माँ के समझाने पर दसियों तर्क-वितर्क करती थीं।

''आज वही नखरीली दीदी नंगे पैरों से इन कंकडों से भरे रास्ते पर चलकर आई हैं! ऊपर से कीचड़-युक्त तालाब में डुबकी लगाकर, इतनी देर से मटमैले पानी में खड़ी भी हैं।' आश्चर्य, घोर आश्चर्य।" वह बुदबुदाया।

दीदी पूजा निपटाकर भाई को देख खुश होते हुए जैसे ही पास आई, तनुज अपनी चप्पल आगे करके बोला, "दीदी, चप्पल पहन लीजिए, पैरों में कंकड़ चुभेंगे।"

"नहीं बाबू, श्रद्धा और भक्ति की शक्ति है मेरे पास, चल लूँगी।"

तनुज आश्चर्य से बोला, "दीदी! क्या है ये सब, आप और इस तरह ...!" "नगर की सभी बहुएँ छठ का उपवास इसी तरह करती हैं। यह ससुराल की देहरी का असर है बाबू।"

हारी नहीं हूँ

रंजन के शहीद होने की खबर आकस्मिक नहीं थी। चार साल पहले विवाह करके रंजन के घर आई थी तब से इसी अंदेशे में ही जीती रही थी। अफसोस..! नहीं..नहीं..! अफसोस बिल्कुल नहीं था काजल को। बल्कि वह तो जब से बड़ी हुई थी तब से अपने राजकुमार के रूप में फौजी को ही देखती थी। जिसके सीने पर वह सिर टिकाए तो उसके मेडल उसे एक्यूप्रेशर-सा सुख दें। कर्नल रंजन की मेडल से सजी वर्दी सामने दीवार पर टंगी थी और देहरी पार आँगन में तिरंगे में लिपटा उसका पार्थिव शरीर रखा था। वह बढ़ी और वर्दी की बाहों को अपने गले से लिपटाकर अपने सिर को वर्दी के सीने पर टिका दिया। ऐसा करते समय उसे वही सुकून मिला जो रंजन के सीने से लगकर मिलता था। तभी आँगन में रोते बिलखते परिजनों के बीच से आवाज आई, "बेचारी, अब कैसे जियेगी..!"

"टूट-सी गई है रंजन के जाने से।"

"पल भर में चेहरा कितना मुरझा गया.!"

कईयों के कटु वचन उसके हृदय को विदीर्ण कर रहे थे कि एक तंज की सुई आ चुभी- "इसे बहुत गुमान था देश रक्षक की पत्नी होने का!"

"कहती थी कि बेटे को भी रंजन जैसा फौजी बनाऊँगी। देखना, अब तो फौज में नहीं ही भेजेगी उसे।"

"हाँ अब तो हिम्मत भी टूट गयी और गुरूर भी।"

नाक तक घूँघट में कैद महिलाओं की फुँफकार काजल के दिल पर बिजली-सी गिरा रही थी। आँखों से ढरकते आँसू, बिखरे बाल, सूनी पड़ी माँग, लेकिन दमकते चेहरे के साथ सैनिकों के मध्य से होती हुई वह रंजन के पार्थिव शरीर के पास पहुँचकर बिलखते हुए बोली, "रंजन, हारी नहीं हूँ मैं, आपकी तरह आपके बेटे आदित्य को भी मैं फौजी बनाऊँगी।"

"जय हिंद..!" रुँधे गले से निकली उसकी तेजस्वी आवाज को सुनकर आसपास के सभी लोगों में जोश भर गया। सभी फौजी 'जय हिंद' के उद्घोष के साथ रंजन को श्रद्धांजलि देने लगे थे। 'जय हिंद' मासूम आदित्य की गौरवान्वित आवाज वातावरण में गूँजी तो आँगन में बैठी आपस में फुसफुसाती महिलाएँ आगाज देख दंग रह गयीं।

जयपूर्णा विश्वकर्मा

पता - झारखण्ड, राँची

शिक्षा - एलएल.एम., एम.ए., पीजीडीसीए

मोबाइल न. - 8210600202

आख़िर कब तक ?

आखिर यह बलात्कार कब तक
नारी पर अत्याचार कब तक
कब तक लुटती रहेगी नारी
इन अंधेरी सुनसान रातों में
कब तक बलि चढ़ती रहेगी
नारी, इन दरिंदों के हाथों से
क्यों तेरा चलना भाता नहीं
क्यों तेरा आँचल सुहाता नहीं
कब तक घुंघट में बैठी रहेगी
आखिर यह नारी कब तक
चार दीवारी में बंद रहेगी
आखिर जुल्मों का
होता क्यों ? संहार नहीं
जुल्म करने वालों का
क्यों होता तुरंत उपचार नहीं
क्षण भर में जिसने
लूट लिया सारा जीवन
हाय ! कैसा उसका घृणित मन

जाने यह कौन-सी बीमारी है
या कहूँ कानून की लाचारी है
जीवित है अब तक क्यों हत्यारा?
चारों तरफ लगा है
बेटी बचाओ का नारा
पढ़े कैसे बेटी, आगे बढ़े कैसे बेटी?
जब घूम रहा हो ऐसा हत्यारा
हे न्याय करने वाले!
मेरी अंतिम पुकार तुम सुन लो
छोड़कर इनको जिंदा
मत करो समाज को गंदा
अब डाल दो इनके गले में
तुरन्त फांसी का फंदा।
मत होने दो इन पर
जुल्म यह भारी
आजाद मुल्क में
आजाद रहे अब नारी।

नारी के कानूनी अधिकार

नारी का जीवन शुरू से ही कठिन रहा है और कठिनाइयों से गुज़रता रहा है समय-समय के साथ कानून के क्षेत्र में कई बदलाव किए गए और नारियों की सुरक्षा के लिए नए-नए नियम लागू किए गए फिर भी भारत के कई ऐसी महिलाएँ हैं जिन्हें कानून की जानकारी नहीं है और इस अभाव में वह कई पीड़ाओं से गुजर रही हैं। आज हम आपको महिलाओं के लिए बने कुछ कानूनी अधिकारों से रूबरू कराना चाहते हैं। जिसके बारे में हर भारतीय महिलाओं को जानकारी होना चाहिए। नारी जीवन की सुरक्षा के लिए कई कानूनी अधिकार महिलाओं को दिए गए हैं जब नारियों को अपने अधिकारों के बारे में जानकारी होगी तभी वह अपनी सुरक्षा कर पाएंगी। भारतीय महिलाओं के कुछ कानूनी अधिकार इस प्रकार हैंः-

1. घरेलू हिंसा के विरुद्ध अधिकार
2. वैवाहिक घर में निवास का अधिकार
3. स्त्रीधन का अधिकार
4. पैतृक घर का अधिकार
5. गरिमा और सम्मान के साथ जीने का अधिकार
6. पति द्वारा भरण-पोषण का अधिकार
7. बाल भरण-पोषण का अधिकार
8. तलाक का अधिकार
9. अबॉर्शन का अधिकार
10. बच्चे गोद लेने का अधिकार
11. मुफ़्त कानूनी सहायता का अधिकार
12. पुरुषों के समान वेतन पाने का अधिकार
13. मातृत्व अवकाश का अधिकार
14. पहचान छुपाने का अधिकार
15. दहेज के खिलाफ आवाज़ उठाने का अधिकार
16. दफ़्तर या कार्यस्थल पर उत्पीड़न से सुरक्षा का अधिकार

17. अप-शब्द पर बेड़ियां लगाने का अधिकार

इस प्रकार महिलाओं के पास कई अधिकार हैं जिसका प्रयोग कर वह आत्म सुरक्षा कर सकती हैं। समय परिवर्तन के साथ-साथ कानून में भी परिवर्तन होता रहता है। महिलाओं की स्थिति को देखते हुए भारत में महिलाओं की रक्षा हेतु कानूनों की कमी नहीं है। महिला उत्पीड़न रोकने और उन्हें उनके हक दिलाने को लेकर बड़ी संख्या में कानून लागू हुए हैं। बस आवश्यकता है तो इन कानूनी नियमों से प्रत्येक भारतीय महिलाओं को जागृत कराना। भारतीय नारियों में जागरूकता फैलाने हेतु कुछ कानूनी नियम महिलाओं के लिए हैं।

नवीन आपराधिक कानून भारतीय न्याय संहिता, 2023 महिलाओं के प्रति समाज में हो रहे विभिन्न अपराधिक घटनाओं से सुरक्षा प्रदान करता है। भारतीय न्याय संहिता, 2023 महिलाओं के साथ होने वाले अपराध अर्थात् हत्या, बलात्कार, अपहरण, एवं व्यपहरण, आत्महत्या हेतु प्रेरण दहेज मृत्यु इत्यादि को रोकने का प्रावधान है। जिसकी सहायता से कोई भी पीड़ित महिला अपराधी के खिलाफ न्यायालय में गुहार लगाकर उसे कड़ी-से-कड़ी सजा दिला सकती है। इसके प्रमुख प्रावधान इस प्रकार हैः-

भारतीय न्याय संहिता, 2023 के अध्याय 5 में महिला और शिशु के विरुद्ध अपराधों एवं अपराधों के लिए दंड के विषय में बताए गए हैं। कोई भी पुरुष यदि महिला के साथ बलात्संग करता है तो उसे भारतीय न्याय संहिता की धारा 64 के अनुसार 10 वर्ष की सजा या आजीवन कारावास की सजा दी जा सकती है। यदि महिला का उम्र 16 वर्ष से कम है तो यह सजा भारतीय न्याय संहिता, 2023 की धारा 65 के अनुसार 20 वर्ष तक या आजीवन कारावास तक की हो सकती है।

भारतीय न्याय संहिता, 2023 की धारा 69 के अंतर्गत यदि कोई पुरुष किसी महिला को विवाह करने का वचन देकर उसे पूरा करने के किसी आशय के बिना उसके साथ शारीरिक संबंध बनाता है तो उसे 10 वर्ष तक की सजा और जुर्माना या दोनों से दंडित किया जा सकता है। भारतीय न्याय संहिता, 2023 की धारा 74 के अंतर्गत यदि कोई व्यक्ति किसी भी स्त्री के साथ उसकी लज्जा भंग करने के आशय से उस स्त्री पर हमला करता है या लज्जाशीलता भंग करने के लिए उसके साथ बल का प्रयोग करता है तो वह कम से कम एक वर्ष कारावास की सजा जो अधिकतम 5 वर्ष के कारावास की सजा तथा अर्थदंड की सजा का भागीदार

होगा। भारतीय न्याय संहिता, 2023 की धारा 75 के अंतर्गत यदि कोई व्यक्ति किसी स्त्री के साथ शारीरिक संपर्क करता है तथा अवांछित लैंगिक प्रस्ताव देता है या लैंगिक सहयोग के लिए मांग या निवेदन करता है, या स्त्री के इच्छा के विरुद्ध अश्लील साहित्य दिखाता है तो वह यौन उत्पीड़न का दोषी होगा जो 3 वर्ष का कठीन कारावास की सजा या अर्थ दंड या दोनों का भागी होगा।

भारतीय न्याय संहिता, 2023 की धारा 76 के अंतर्गत कोई भी व्यक्ति किसी भी स्त्री को किसी सार्वजनिक स्थल पर उसके कपड़े उतार कर या उसे नग्न होने के लिए विवश करने के आशय से हमला या अपराधिक बल का प्रयोग करता है तो वह कम से कम 3 वर्ष का कारावास की सजा जो कि अधिकतम 7 वर्ष तक की सजा हो सकती है तथा अर्थदंड दोनों का भागी होगा।

भारतीय न्याय संहिता, 2023 की धारा 77 के अंतर्गत यदि कोई व्यक्ति छुपकर किसी स्त्री को देखता है और स्त्री का चित्र लेता है, जब वह स्त्री किसी निजी कार्य में संलग्न हो जहाँ पर उस स्त्री को किसी के द्वारा देखे जाने की सामान्य उम्मीद न हो तथा उस स्त्री को प्रसारित करता है तो वह प्रथम दोष सिद्ध होने पर दोनों में से किसी भांति के कारावास से, जिसकी अवधि 1 वर्ष से कम नहीं होगी किंतु 3 वर्ष तक की हो सकेगी दंडित किया जाएगा एवं अर्थदंड से भी दंडनीय होगा।

भारतीय न्याय संहिता, 2023 की धारा 78 के अंतर्गत कोई भी व्यक्ति जो किसी स्त्री का पीछा करता है उसकी इच्छा के बिना उसे स्पर्श करता है या करने का प्रयत्न करता है तो प्रथम दोषसिद्धि होने पर वह 3 वर्ष तक की कारावास एवं जुर्माने या दोनों से दंडित किया जाएगा यदि वह यह कार्य दूसरी बार करता है तो उसे 5 वर्ष तक की सजा या जुर्माना या दोनों से दंडित किया जा सकता है।

भारतीय न्याय संहिता, 2023 की धारा 79 के अंतर्गत जो कोई व्यक्ति किसी भी स्त्री की लज्जा का अनादर करने के उद्देश्य के आशय से कोई शब्द कहेगा, कोई ध्वनि या हाव भाव व्यक्त करेगा या कोई वस्तु प्रदर्शित करेगा जो स्त्री के एकांतता का अतिक्रमण करेगा वह 1 वर्ष तक के कारावास की सजा या जुर्माना या दोनों से दंडित किया जा सकता है।

भारतीय न्याय संहिता, 2023 की धारा 80 के अंतर्गत किसी भी महिला की मृत्यु उसके

विवाह होने के 7 वर्ष के भीतर उसके पति या पत्नी के संबंधियों द्वारा दहेज संबंधी मांग के कारण या क्रूरता या प्रताड़ना के फलस्वरूप सामान्य परिस्थितियों में होती है तो दहेज मृत्यु कारित अपराध में कारावास की अवधि 7 वर्ष से कम नहीं होगी जो आजीवन कारावास तक हो सकती है। भारतीय न्याय संहिता, 2023 की धारा 87 के अंतर्गत किसी भी महिला को विवाह करने के लिए विवश करना या उसे भ्रष्ट करने के लिए अपहरण करना अपराध है जिसकी सजा 10 वर्ष का कारावास तथा जुर्माना दोनों से दण्डित किया जाएगा।

भारतीय न्याय संहिता, 2023 की धारा 89 के अंतर्गत महिला की इच्छा के विरुद्ध गर्भपात करवाना अपराध है जिसकी अवधि 10 वर्ष तक कारावास और जुर्माना दोनों से दंडनीय होगा। भारतीय न्याय संहिता, 2023 की धारा 90 के अंतर्गत गर्भपात करने के उद्देश्य से किए गए कृत्य द्वारा महिला की मृत्यु हो जाने पर वह दोनों में से किसी भांति के कारावास से जिसकी अवधि 10 वर्ष तक की हो सकेगी तथा जुर्माने से भी दंडनीय होगा।

भारतीय न्याय संहिता, 2023 की धारा 98 और 99 के अंतर्गत वैश्यावृत्ति के लिए 18 वर्ष से कम आयु की बालिका को बेचना या खरीदना तथा भाड़े पर देना या लेना संज्ञेय अपराध है जिसकी अवधि 10 वर्ष तक की हो सकेगी तथा जुर्माने से भी दंडनीय होगा।

भारतीय न्याय संहिता, 2023 की धारा 296 के अंतर्गत यदि कोई व्यक्ति किसी सार्वजनिक स्थान पर कोई अश्लील हरकत या अश्लील गाने या अश्लील शब्द आदि कहता है जो कि सुनने में बुरा लगे और अन्य व्यक्ति को तकलीफ हो तो वह तीन माह का कारावास एवं अर्थ दंड की सजा का भागीदार होगा।

इस प्रकार हम देखें तो महिलाओं को कई कानूनी अधिकार प्राप्त हैं जिसके बारे में हर भारतीय नारी को जानने की आवश्यकता है। कानून के प्रति जागरूक होना महिला को एक आत्म सुरक्षा भी प्रदान करता है जो महिलाएँ अपने कानूनी अधिकारों को जानती हैं वह अपने खिलाफ हो रहे अन्याय के विरुद्ध लड़ सकती हैं और अपना बचाव खुद कर सकती हैं। आखिर कब तक महिलाएँ अपने ऊपर हो रहे जुर्म को सहती रहेंगी। आखिर कब तक वह चुप रहेंगी अब सहने की नहीं कहने की जरूरत है। अब जरूरत है हो रहे अन्याय के खिलाफ आवाज़ उठाने की और उससे लड़ने की।

www.ingramcontent.com/pod-product-compliance
Lightning Source LLC
LaVergne TN
LVHW030029051026
849519LV00008B/2899